わくわく音遊びでかんたん発表会

手拍子ゲームから
器楽合奏まで

細田 淳子 ／ 著

すずき出版

CONTENTS

Part4 合奏しよう！

Part5 資料編

Part6 わくわく・かんたん発表会

Column

はじめに

子どもたちは、うたうことも楽器遊びも大好きです。

一緒にうたったり、楽器を鳴らしたりして、まわりの人たちと楽しい気持ちを共有することは、とてもステキなことですね。そのように人と人との心がつながるステキな音楽を、子どもたちに届けたいと思います。

本書は、子どもがリラックスして楽しめる「音遊び」をたくさん紹介しています。

音遊びを通じて、音に興味を持ち、自然に音楽的な力が身につけば、子どもも先生も無理なく楽しむことができますね。ですから、まずはここで紹介した音遊びでたくさん遊んでみてください。それから、子どもたちと一緒にオリジナルのものをどんどん作って楽しんでください。そうやって発展させていただくことこそが本書の願いです。

そして、発表会が見せるためだけに行うものではなく、わくわくドキドキ楽しめるものになるように、かんたんで楽しい器楽合奏の方法…それでいて聴き映えのするコツをぜひつかんでください。

本書によって子どもたちの表現の世界が広がり、子どもたちに心からの笑顔が増えることを祈ります。

細田淳子

本書の構成

Part 1・2　音や楽器に親しむための遊び
Part 3　身体（からだ）を打楽器にしてリズムの感覚を育てる遊び
Part 4　1～3で遊んできたことを合奏遊びに発展
Part 5　資料編…知っておきたい楽器大集合／「カール・オルフ物語」他
Part 6　8つの合奏曲と、その編曲法

本書の特徴

1 まずは手拍子！ その手に楽器を乗せましょう

手拍子をしたり、身体のあちこちを叩いたり…。それが肩の力を抜いて楽にできるようになったら、その手に楽器を乗せて同じように叩きましょう。ただそれだけで、かんたんに楽器のリズム打ちができるようになります。

2 同じリズムパターンを繰り返して叩くだけ

合奏にはいろいろな形がありますが、本書では小物打楽器で行う「分担奏」を扱います。

これまで分担奏というと、いろいろな楽器で何種類ものリズムパターンを必死で覚え込む…というのが中心でした。でも実は、苦労してたくさんのリズムを覚えても、それを一度に演奏すると、客席に聞こえる音色は「なんだか音がまざってにぎやかだなぁ」という位にしか響かず、あまり効果がないのです。

それならば、複雑なリズムをいろいろ覚えることなどやめて、ある一定のリズムパターンを繰り返すだけの合奏をしてみましょう！　というのが本書の提案です。

「繰り返し」は子どもたちも大好きですから負担も減少します。まちがいを恐れ、緊張して演奏するのではなく、心を開放し安心して曲にのって演奏できるというわけです。

3 発表会のための「かんたん編曲」が楽しめます

音色に変化を持たせ、ひとりの子どもが叩くリズムパターンは基本的に 1 種類にする、という本書のやり方に即して行えば、どの曲もかんたんに編曲できます（p.92 ～参照）。

発表会前に慌てて本から曲を探したり、得意な同僚に編曲を頼んでいた先生も、ぜひご自分でチャレンジしてみてください。きっと子どもたちと楽しめるステキな曲ができるでしょう。

4 オルフ・シュールベルクの考え方をベースにしています

本書の根底にある考え方は、ドイツの作曲家で音楽教育家のカール・オルフ博士（1895 ～ 1982）（p.86）が提唱した、オルフ・シュールベルクの理念です。

長年オルフの音楽教育に関わってきた私は、このオルフの理念こそ今の幼児音楽教育に必要だと考えてきました。子どもからの表現を引き出し、子どもの発想・自由を尊重するオルフの考え方は、日本の保育現場にたくさんの示唆を与えてくれます。

音楽発表会 Q&A

子どもたちにとって音楽発表会は、家族が見に来てくれる晴れの舞台。ドキドキわくわくの楽しいものです。先生方にとっても、子どもたちの成長をあらためて確認でき、園生活のアクセントにもなるのでとても有意義な機会です。
そんな発表会をより楽しいものにしていただくために、よくあるご質問を Q&A 形式にまとめてみました。参照ページと合わせてお読みください。

楽器の数を決めるポイントは？

きれいな音の楽器を選んだのに、なんだかガシャガシャうるさい…ということはありませんか？オーケストラではトライアングル奏者はひとりなのに、園ではたくさんの子どもに持たせて演奏することがありますね。これではトライアングルの効果も半減です。逆に多いほど迫力を出せる楽器もあります。
せっかく選んだ楽器を効果的に使うためにも、その楽器の音色や特性を考えて数を決めるのはとても大切です。もしうるさく感じたら、半数を歌や手拍子に替えるなどの工夫をします。みんなが好きな楽器にふれられるように、できるだけ役割を交代して演奏できるようにしましょう。

舞台上の配置を決めるコツは？

指揮者から合図を出しやすいように楽器を配置します。また、子どもからは指揮者が見やすいように、客席からは子ども全員の顔が見えるように配置を工夫しましょう。
準備が手早くできるようにレイアウトの図面を作っておくといいですね。

ボディーパーカッションだけで合奏ができますか？

身体を叩いて演奏するボディーパーカッションは、人間にとって最も身近な音楽であり、だれもが持っている楽器です。手拍子や足拍子だけの演奏は驚くほど印象的で、子どもたちが自らを楽器にして楽しむ姿は、観客に感動を与えます。（p.61 参照）

発表会での選曲のポイントは？

おすすめの曲をリストにしましたので参考にしてください。（p.90 参照）
普段、うたう曲を選ぶ時も、元気な曲だから、歌詞がやさしいからという理由だけで選ばず、子どもの声域も考え、最初は音域のせまい歌を選びましょう。（p.70 ～参照）
※幼児向けとされる歌でも、音が急に高く飛んで、音程を取りにくいものがたくさんあります。

あきさせずに練習を続けるにはどうしたらいいの？

「練習」と思ってしまうと、先生にも子どもにも負担になります。遊んでいる間にいつのまにか発表できる作品に仕上がっているというのがベストですね。本書を使いこなして「練習」を「遊び」にかえてください！

プログラムを上手に組むコツは？

歌ばかりを続けたり、同じような感じの合奏ばかりを並べないようにしましょう。
間にボディーパーカッションだけで行う曲や、木製楽器だけの合奏などを組み込むと、新鮮な感じがして聞いていてあきません。
また観客を巻き込んで楽しむリズム遊びの時間などを設けると、小さな子も大人も満足した時間が過ごせます。（p.61 参照）

カスタネットをやりたがる子がいなくて困ります

いつも身近にあって珍しくないカスタネットは、子どもに敬遠されがちですね。
でもまずは「必ずカスタネットを使わなくてはいけない」と、考えるのをやめましょう。カスタネットにこだわらず、同じような音色を出せる楽器や身の回りのものを、子どもたちと一緒に探してみてください。
本書ではカスタネットを主役にしたオリジナル曲を紹介しています。これでカスタネットを好きになってもらえたらいいですね。（p.66 参照）

得意な子と、苦手な子に同時に教えるのが難しい…

本書では、だれにでも楽しめる音遊びを中心に紹介していますので、これに即して遊んでいただければ、得意な子、苦手な子に分かれることはないはずです。合奏曲も、やさしくて楽しい「繰り返しのリズムの合奏」を提案しています（繰り返しの楽しさはだれをも満足させるもので、かんたんだからといって決してレベルを落とすことではありません）。幼児に対する指導では、だれかひとりでも難しいと感じるような音楽活動は避けていただきたいものです。

指揮をする時のポイントは？

幼児の合奏では、「今からはじめるよ！」の合図と「もうおわり」の合図がとっても大切。
あとは楽器を一緒に叩く動作をすれば十分です。ただどちらも、いきなり合図を出しては驚かせるばかりです。スタート前の呼吸が大切なので、4拍子の場合だったら1・2・3・4と数え、4のところで両手で空気をすくうようにして、みんなの呼吸をそろえましょう。これが準備であり、音を出すタイミングを知らせることになります（4の次に振り下ろす手がスタートの合図になります）。
指揮は事前に鏡の前などで練習をしてください。
楽器を叩く動作をする時は、鏡のように子どもと左右反対の手で行いましょう。

自分で編曲…できますか？

いつも他の人に頼んでばかりのあなたも、本書でご紹介する編曲法を覚えれば好きな曲を自在に合奏曲にアレンジできます！（p.92 ～参照）

本書に出てくる用語

オスティナート＝ある一定のパターンをくり返し演奏する伴奏法
アンサンブル＝合奏
ボディーパーカッション（B.P.）＝身体打楽器
カノン＝輪唱・輪奏
オノマトペ＝擬態語、擬声語
※ひざ打ち＝ももを両手で叩くこと
※足拍子＝足踏み

先生方へ

耳を澄ます時を持ちましょう

毎日ほんの短い時間でも、近くにいる子どもと耳を澄ます時を作りましょう。
「あらっ？　小鳥の声だわ…」というように、ほんの 10 秒か 20 秒でいいのです。
音に対する感性が育ちます。

先生自身が音楽活動を楽しみましょう

いつも子どもたちと一緒に音と遊んで、苦手意識を取り払いましょう。
それでも苦手だと感じる人は、身近に得意な人を見つけ、先生になってもらいましょう。

子どもたちが緊張していないか、表情に気を配りましょう

緊張して、息を止めて演奏している子どもはいませんか？
そんな時は深い呼吸でリラックスさせましょう。
楽しさを感じて音楽にのってくれば、笑顔が戻ります。

「楽器遊び」と「うたうこと」は、車の両輪です

本書は器楽合奏のことを中心にしていますが、うたうことも大切にしてください。
うたう音程に自信のない先生は、まずドとレの 2 音だけでうたえるわらべうた（p .70）から
はじめ、順に音を増やしていくと音程がしっかりしてきます（子どもでも同じです）。

子どもらしい歌声を引き出しましょう

子どもが怒鳴り声を出さないように、「大きな声で」「元気に」と言わず、
「まわりの声を聞きながらうたって」「大きなお口を開けて」などとことばをかけてみましょう。
怒鳴ってうたっている間は聴く耳が育ちません。

興味のある人は楽器を集めてみましょう

楽器屋さん、おもちゃ屋さん、旅先の民芸品店、講習会の場などで、実際に楽器を手に取って、
いい音やおもしろい音の出るものなどを集めてみましょう。
最近では輸入の子ども用打楽器も手に入りやすくなりました。

子どものアイディアを取り入れましょう

音遊びの工夫、リズムの叩き方など、子どもから出たユニークな発想を取り入れましょう。
ひとつの楽器からでも、いろいろな奏法で違った音が見つかるかもしれません。
ただし、子どもに聞く前に先生自身のアイディアをまとめておくことを忘れずに。

Part 1

音への興味を育てよう！

音楽とは音を楽しむこと…
まずは身の回りの音にじっと耳を澄ませて
外でどんな音がするか
室内でどんな音がするかを楽しんでみてください。

自分たちで音を確かめながら
「創造する喜び」が育つ、手作り楽器も紹介します。

1 園庭でどんな音が聞こえるかな？

まずはいろいろな音を聞き取ることから
遊びをはじめましょう。

園庭に出て耳を澄ませると
いろいろな音が聞こえますね。
ほんの数秒、目をつぶって
どんな音が聞こえるか
みんなで音の数を数えてみましょう。

小鳥のさえずり
風の音
雨が傘に落ちる音
ドングリが落ちる音
落ち葉を踏みしめる音

枯れ葉や落ち葉を

ままごとの包丁の音
砂のサラサラという音
遠くの方からは電車の踏切の音
宣伝カー、飛行機の音も聞こえるかもしれません。
それぞれの地域で
その季節ならではの音に
耳を澄ませてみましょう。

2 保育室で どんな音が聞こえるかな？

今度は室内で音を聞きましょう。

部屋の外からは
隣のクラスの歌声や
廊下で荷物を動かす音
けんかの声や泣き声も聞こえてくるかも…

ピッポー
コチコチ
目を閉じて耳を澄ませて…
ほら、保育室ならではの音がいろいろ聞こえるでしょう。
ポロロン
シャラ シャラ
カラ カラ
カチ カチ
シャン シャン
さあ下にもぐって ごらん 弾いて みるよ！
ずるずる

グランドピアノがあったら
下にもぐってみましょう。
ペダルを踏んで音を長く
のばした時、どんなふうに
響くかな。

3 園内の音マップ作り

音をもっと楽しめるように、今度は音マップを作りましょう。
数名でグループになり、園内をあちこち探検します。
音の聞こえる場所を見つけたら、部屋に戻り
どこでどんな音がしたか、床に広げた大きな園マップに
絵や文字で描き込みます。

♪玄関ではオルゴール時計が
時間を知らせている

♪通りの車の音が
聞こえるね

★マップ作りで遊ぶ日は、あち
こちに鈴をぶら下げるなど、
音のするものをしかけておく
とまた楽しい。

♪廊下で
ミシミシ音がする

★音に対する興味・関心が引き出せます。
★園内マップができたら、次は家での音について
話し合ったり、それぞれの家の音マップを作っ
てみても楽しいですね。

4 手作り楽器にチャレンジ！

園のあちこちでの音探し…満喫しましたか？
音に関心を持ちはじめた子どもたちと、今度は音作りにチャレンジしてみましょう！

叩く ポリバケツ太鼓

これは大人が中心で作ります。ガムテープを押さえるなどのお手伝いを子どもたちが順番に担当し、１つの大太鼓をクラス全員で作れるといいですね。

材料
・きれいに洗い、乾かしたポリバケツ
※普通のバケツやゴミ入れなどでも OK。大きいほど大きく低い音になる。
・布製ガムテープ
・大きなバケツには大太鼓用のバチ
　小さなバケツには木琴用のバチ

★材質などにもよりますが、数週間〜数ヶ月でゆるみが出て音が響かなくなることがあります。そうしたらまたガムテープを貼り直しましょう。

❶まず十文字にガムテープを２枚貼る。
★この２枚を、円の形がゆがまない程度にピンと張るのがコツ。
❷あとはすきまがなくなるまで、力いっぱい放射状にうめていく。

おさえていてね!!
オー
エイ

★ポリバケツはわざわざ買わなくても、給食用などの予備を運動会シーズンだけ借りるなど工夫しましょう。

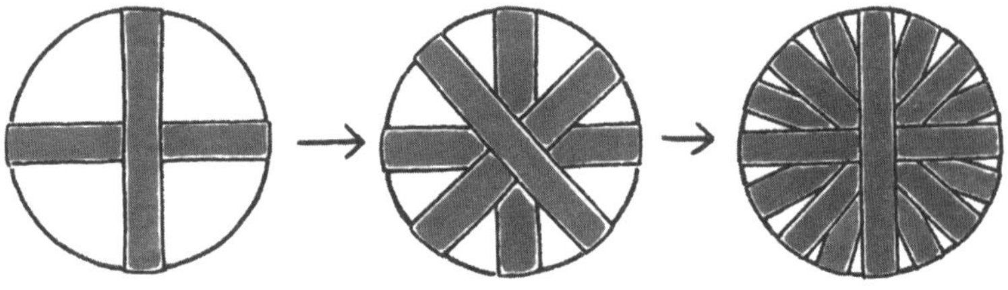

ボ〜ン
ボ〜ン
ボ〜ン

★床に粘土などを置いて高低を作り、斜めにして叩くと音が抜けて、よく響きます。

7cm四方
タオルの切れはし2〜3枚
かたいバチにかぶせて…
わゴムでとめるだけ
柔らかいバチを作っちゃおう!!

バチについて
太鼓や木琴のようにバチで叩いて音を出す楽器は、バチの材質や堅さによって音がかなり違います。ですから付属のバチにこだわらず、その都度どんな音で叩きたいかをよく考えて選びたいものです。そのためにも堅いもの・柔らかいものなど数種類のバチをそろえておけるといいですね。

吹く ストロー笛

材料
・太めのストロー

1 ストローの片方に紙をあてアイロンで平らにつぶす

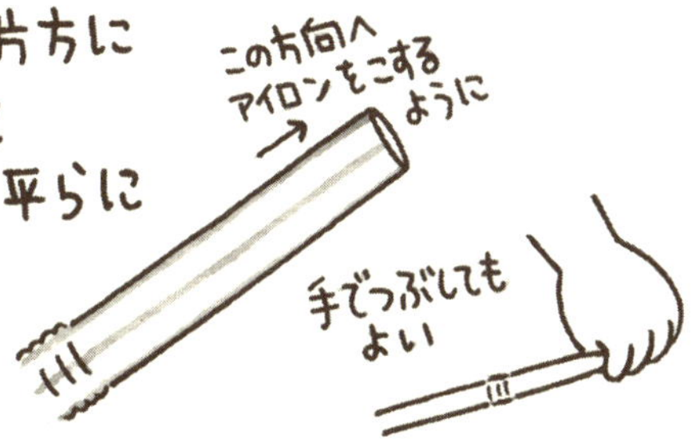

音の出し方
切ったところより1cmくらい深く口にくわえ口びるに力を集めてブーと吹きます

2 2枚重なったまま図のようにハサミで山型に切る

バリエーション
ラッパ状にした紙筒をつけると音がぐんと大きくなります!!

はじめ鳴らせない子どもも，何回かやっているうちにコツをつかみます。
鳴った時のうれしそうな顔！

吹く カズー

材料
・筒状の菓子の空容器（直径約2cm）またはボール紙を丸めたもの
・薄手のビニール袋またはすずらんテープ

1 カッターで1cm四方の穴をあける

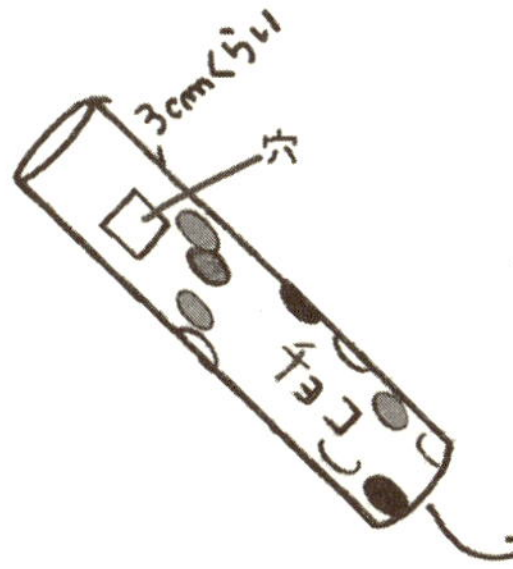

2 片方の穴に4cm四方に切ったビニールを貼りつけてから指先でビニール面をこすって少したるませる

両面テープを貼ってからビニールをのせる

フタつきの容器を使う時はフタの中を抜きフタでビニールをおさえてとめるとかんたん

★要領がわからず、フーッと息を吹く子がいますが、四角の穴に口をあてて「あ～」と声を出し、メロディーをうたいます。

はじく 琴

材料 ・菓子などの四角い空き缶
・輪ゴム

♥空き缶に輪ゴムを何本もかけて指ではじくだけ

輪ゴムは数日でのびてしまいます。取り替え用をたくさん用意しておきましょう

振る
自分だけのマラカス

材料・小石、ビーズ、貝殻、ドングリ、じゅず玉、大豆、小豆、トウモロコシ、マカロニなど
・500mlの透明なペットボトル（1人に2本）

好きな音に出会うまで、中身や量を変えて試しながら遊びます。
この作業の過程がとっても大切。自分であれこれ考えながら音作りをすることで、好きな音を感じとる感性が育っていきます。
ここに手作り楽器の最大の魅力があるのです。

❶素材をカゴや箱などに分けて入れる。
❷各自２本のペットボトルに好きな素材を好きな分量だけ入れ、どちらの音が好きか目を閉じて２本を比較しながら振ってみる。
❸中身を変えて振り、また好きな方を選ぶ。

★「目をつぶって振ってごらん！」「先生はこっちが好きかな…待って！　やっぱりもう少し少ないほうがいいかしら…」など声かけをしながら遊びをリードして、子どもたちが集中して音を聞ける時間を作りましょう。

食べ物を楽器にするのは反対？

大豆やマカロニなどの食品を楽器に使うのには抵抗がある…という人もいます。また乾燥のトウモロコシなら家畜のエサだからいいという人もいて、線引きが難しいですね。
昔からお手玉の中身には虫くいの小豆などを使ってきました。捨てられる運命の小豆ならば、手作り楽器に使ってもいいのでしょうか？
これは価値観の違いですから結論はありません。自分の意見をきちんと持ち、園の中でよく話し合い、決めていけるといいですね。

吸う　紙の笛

材料・少し厚めの広告紙 20cm 四方位

吸うところに色落ち防止のセロハンテープを巻けば、
折り紙でも作れます。※吸って音を出す珍しい笛です。

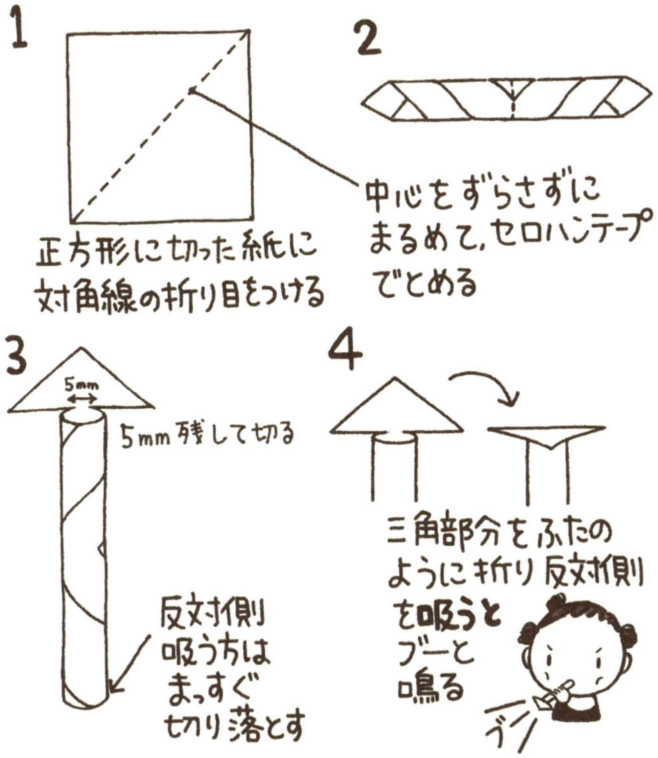

1
正方形に切った紙に対角線の折り目をつける
中心をずらさずにまるめて、セロハンテープでとめる
2
3
5mm
5mm残して切る
反対側吸う方はまっすぐ切り落とす
4
三角部分をふたのように折り反対側を吸うとブーと鳴る

振り下ろす　紙鉄砲

材料　・広告紙

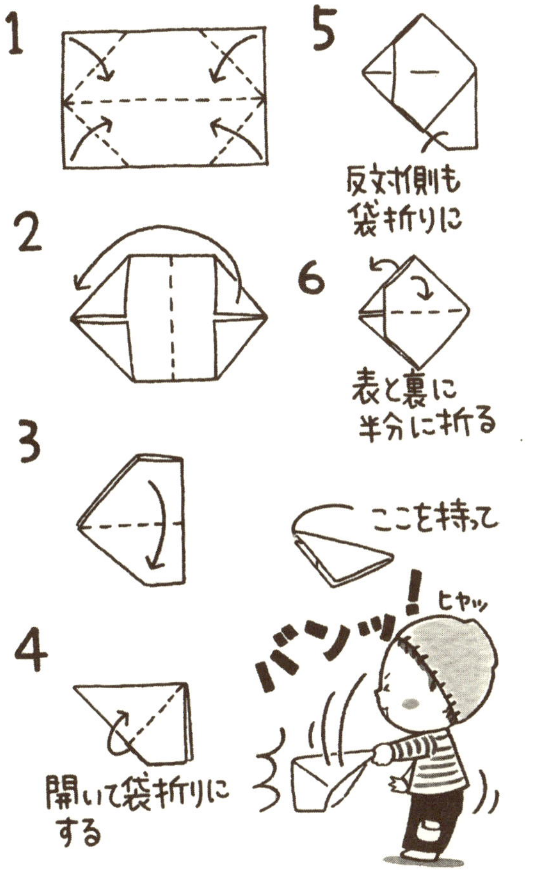

振る　アルミはたき

材料
・小太鼓用のバチ、または菜ばしなどの棒　・アルミはく

カシャ　カシャ
2cm
ここまで切る
棒にまく
アルミはくに2cmはばで20か所位切り込みを入れ、はたきのように、持ち手に両面テープでまきつけてとめる

★ステキな音がするので劇遊びで星の音などに使えますが、
くしゃくしゃになると音がしなくなるので注意！

こする　ギロ

材料
・デコボコのあるペットボトル・菓子箱・ボンド・割りばし

デコボコのあるペットボトルを割りばしや菜ばしでこする
箱にボンドで割りばしを貼りつけてこする

※参考図書　繁下和雄／著『あそんで楽器』フレーベル館　他

アレンジ次第で
小さい子も大きい子も楽しめます

本書では、この遊びは何歳にふさわしいとか、何歳だとちょっと無理…などという対象年齢をあえて書かないことにしました。それは遊びの多くが、ちょっとやり方を工夫するだけで、小さな子どもでも無理なく遊べたり、大きな子どもも満足できるものに変えることができるからです。

子どもたちの様子をよく見ながら、子どもたちに合わせた遊びを自由に展開していっていただきたいと思います。

拍子に合わせること

拍子に合わせて手を叩いたり、歩いたりすることを「拍の同期」といいます。１歳半で、もう拍の同期のできる子どももいますが、また一方で拍子に合わせることなど思いつかないというように、その子独自のリズムで楽しそうにしている子どももいます。

拍子に合わせられることがいいことで、そうでないとダメだといった価値観は持たずに、まずはじめは全ての子どもが、その子なりに楽しんでいるかどうかを、そばにいる大人が常に考え、見守っていきたいものです。だんだんに同期できるようになるでしょう。

Part 2

音のするもので遊ぼう！

小さな楽器を使った楽しいゲームをたくさん紹介していきます。
楽器屋さん、おもちゃ屋さん、民芸品屋さん
外国のおみやげなどで見つけたものや
身近なザルやスプーンなどでも OK
音の出るものを普段から集めておきましょう。

子どもたちが楽器に十分親しんだら
みんなで絵本に音をつけてみたり、劇遊びに取り入れたりして
オリジナルの遊びに発展させていきましょう。

自由に楽器を手に取って、好きなように音を出し
楽器を好きになってほしい…それがこの章のねらいです。

1 音と仲よくなろう

「これは○○という名前の楽器です。こうやって手に持って、こうやって鳴らします…」と、持ち方や演奏方法の指導からはじめると、楽器を楽しむことができず、子どもは緊張してしまいます。
まずは楽器と仲よくなる遊びを時間をかけて楽しみましょう。
★年齢（発達）や人数、場所によって遊び方を工夫し、子どもの反応をよく見ながら、無理のないようにアレンジしていきましょう。

手に持って音の出せる楽器を集めましょう！

❶ 私の音はこれゲーム

自分で楽器を選び、自分で鳴らしてみることが、この遊びのポイントです。

★ストップの音を出すタイミングは、８小節ごとなど毎回同じ長さにしましょう。そうするとだんだん曲の「フレーズ」を感じられるようになっていきます (p.56 参照)。
※リズムがくずれてしまうので、フェイントはかけないようにします。

はじめに…
・人数より１つ以上多い、いろいろな楽器を準備し、中央に置く。
・直前まで布などをかけておく（みんなさわりたがるので！）
・バチなどは楽器と組にしておく。
・コースの１か所に丸く印をつけておく（またはフープなどを置く）。

❶曲に合わせて、中央に置いた楽器のまわりをぐるぐる歩く。
❷先生の合図の音（タンブリンなど）で全員ストップ！
その時、ちょうど丸の中に入っている子が、中央から好きな楽器を１つ選ぶ。
❸楽器を持った子は自由に鳴らしながら歩き、全員が好きな楽器を手にするまで❶❷を繰り返す。

★楽器を見つめながら歩く子どもの心には「自分の番になったらあの楽器を取ろう」と、期待感がふくらみます。決められた楽器を手渡されるよりずっと興味を持ってくれるはずです。

❷ 指揮者ゲーム

楽器を手にしたら、だれでもすぐに鳴らしたいものです。「静かにしなさい！」と言うよりは、こういった遊びで満足するまで音を出させてあげましょう。

❶みんな、楽器を手に持って、指揮者を囲んで立つ。

❷ルールに従って各自の楽器を鳴らして遊ぶ。

ルール①指揮者が両手をパーの手に広げ、上に上げている間は音を出す。

ルール②胸の前で手をグーにしたら音を出すのをやめる。

❸ ①②に慣れてきたら、③④のルールを増やし、音の強弱を楽しむ。

ルール③手の平を上に向けて持ち上げたらだんだん大きく。

ルール④手のひらを下に向けて下ろしたらだんだん小さく。

★他にも、口を開けたら鳴らし、閉じたらやめる…のように、合図をいろいろ工夫してみましょう。

★左ページの「私の音はこれゲーム」の続きとして行うのもいいでしょう。

★指揮者をよく見るようになります。

★３歳児と遊ぶ時は先生が指揮者になり、４歳児以上はやりたい子が交代で行います。

❸ 音あて「かごめ」ゲーム

３歳児と遊ぶ時は、先生が一緒に輪に入りましょう。

❶楽器を持ったまま「かごめかごめ」をする（手はつながず広げるだけ）。

❷「後ろの正面だぁれ」で止まったら、オニの真後ろの子が持っている楽器を鳴らす。

❸「すず！」というように、オニが何の音かをあてる。

★わからない時は「ガラガラ！」とか「シャラシャラ！」のように答えてもいいことにして、必要に応じて先生が名前を伝えますが、この遊びのポイントは楽器の名前を覚えることではなく、音をよく聞くことができているかどうかということです。

❹ あの音はどこへ？ ゲーム

音がどこから聞こえてくるかをよく聞いて、音が消えた場所を指差すゲームです。
耳を澄まして集中して音を聞くことで、聞く力が育ちます。

❶静かな室内で、床に間隔を取って座る。なるべくイスではなく床に座り、それぞれ好きな方向を向く。
❷先生はトライアングルなどの残響の長い楽器を鳴らしながら、子どもたちの間を歩く。
❸子どもたちは、音がどちらの方向から聞こえるかを目を閉じて注意深く聞く。
❹音が聞こえなくなったと思ったら、最後に聞こえた方向を指差す。
❺「さぁ、目を開けて！」の合図で、指差した方向に先生がいるかどうかを見る。

★先生は足音がしないように歩きます。音がするようなら裸足になりましょう。
★最後に子どもたちが指差した方向と先生の立ち止まった場所が少しずれてしまっても、それを指摘するのではなく、音に集中していられたことをほめるようにしましょう。
★遊びの中で1、2回やってみる位が集中力を持続できていいようです。

⑤ 宝探しゲーム

好きな楽器を手にして思いっきり強い音を出すことで、子どもの心は開放されます。
手に持って音の出せる楽器と、「宝物」として幼児のポケットに入る大きさのピカピカ光るカード、または小さな人形などを用意します。

❶楽器を持って広がって座り、その中の１人が宝物をポケットの中やスモックの中などに隠す。
★オニは部屋の外で待つ。

❷オニ役の子は宝物を探して、みんなの間を歩き回る。

❸オニが宝物に近づいたら、みんなでだんだん大きく楽器を鳴らす（すぐ近くに行ったら思いっきり大きな音で！）、遠ざかったらだんだん小さい音にして知らせる。

❹オニはその音を頼りにして宝物を見つける。

★緊張して音を出せない子がいたら、「好きなように叩いていいよ」と声をかけ、リラックスさせましょう。
★「だんだん」ができずに、急に大きい音で叩いてしまう子がいますが、回数を重ね、ゲームに慣れてくると、力の入れ方などを自分で工夫するようになり、強弱のコントロールもできるようになっていきます。
★楽器は１回遊ぶごとに交換すると楽しいでしょう。

6 音のさんぽ道

園庭に砂場があるように、園舎のどこかに、音の出るものがいろいろある楽しい音場を作りましょう。
気に入った子どもは毎日その道を通って遊ぶはず！　好評なら年に数回、作ってみてはいかがでしょう。

★保育室ではなく、しばらくそのままにしておける玄関ホールや廊下を利用してみてください。
★音の出るものをたくさん用意しましょう。一度に全部出すのではなく、様子を見ながら最初の数日は台所のものばかり、次には木製のものを…という具合に並べ替えます。

リスさんが
おさんぽに
きたのかしら
ワ〜イ
どっちの
バチの音が
好き？

音の出し方は１種類ではありません。はじいたり、こすったり、ひっかいたり、手のひらや指１本で叩いたり…音のさんぽ道は、自由に音遊びを楽しめる場所にしましょう。

落ちたり、台が倒れたりしないよう、安全面の注意も忘れずに！

ことばかけが大切

ことばかけによって音のおもしろさに気づいたり、叩き方を工夫したり、注意深く音を聞こうとするようになります。

❼ 音が消える時はいつ？

❶残響の長いトライアングル、シンバルなどを先生がひと打ち鳴らす。
❷鳴っている間は音に合わせて、その場で全身を使って動き、（音が消えた！）と思った瞬間、ピタッと動きを止める。また音が鳴ったら繰り返す。

❽ 音を鳴らさない鈴回し

❤円になって座り、手に持った鈴を音を出さないように、隣の人にそっと回していく。

★鳴らさずに回すことが、反対に音への集中を促します。

バリエ ①足首に鈴をつけて、鳴らさずに歩く（p.83 リストベル参照）。
②先生の合図で今度は飛び跳ねてダンス。…①②を交互に行う。

★スイスの幼稚園で行っていた遊びです。

9 音を描いてみよう

楽器の音にはそれぞれ固有の雰囲気があります。カクカク、カチカチと固い感じ。ギーギー機械が動く感じ。あるいはフワーッと柔らかな感じ…。
その音色やイメージを視覚的に表現したらどんな風になるでしょう。音色をゆったりと感じ、子どもたちなりの音のイメージを広げてもらいたいものです。

遊び方

★１～６まで段階を踏んで遊びます。ABC３種類の楽器で表現の違いを楽しみましょう。

A 響きの長く残る楽器／トライアングル、シンバルなど
B 響きの残らない楽器／ウッドブロック、カスタネットなど
C シャカシャカ鳴る楽器／マラカス、タンブリンなど
★他にも音のするものをいろいろ用意しましょう。

1「目をつぶって、聞いてみて」

2「もう一度鳴らすから、どんな感じがしたか手を動かしてみてね」

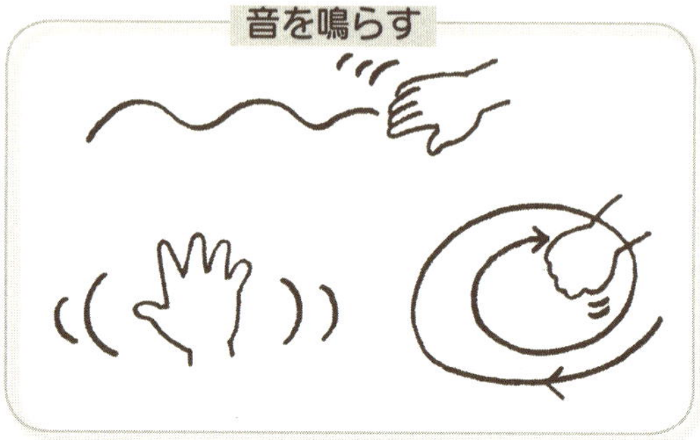

3「立って足でやってみてね」

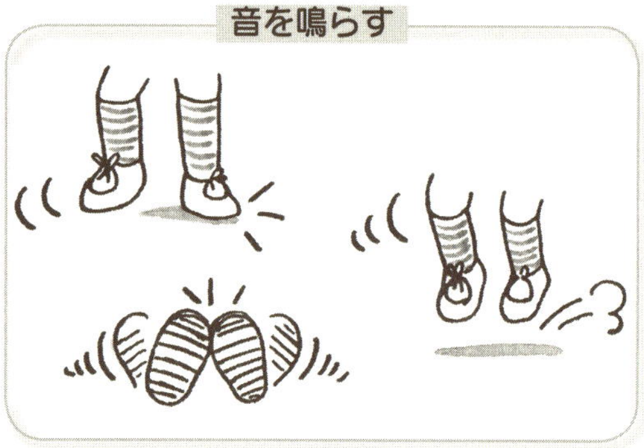

4「身体全体を動かしてごらん」

5「床（机）に、この音を描いてみて」

6「今度は紙の上に好きな色のクレヨンで描いてみましょう」

★段階を踏んで遊びを進めることで、身体全体での表現もスムーズにでき、絵を描く時のイメージもふくらみやすくなります。

⑩ 描かれた図形を音にしよう

描かれた図形を見て音にすることは、将来、楽譜を読んで音楽を演奏することの基礎となりますが、ここではそこまで意識せず、「図や絵を見て音を出す」感覚が身につき、楽しめれば十分です。

★⑨の遊びで描いた絵を使ってもいいし、図形を先に用意しておいて「指揮者ゲーム」（p.23）の応用として行ってもいいでしょう。

❤遊び方1

❶タンブリンとカスタネットの2グループに分かれ、図が見えている時、その楽器を鳴らす。
❷Ａ と Ｂを交互に見せる。見せる時間を長くしたり短くしたりする。

バリエ

・同じカスタネットでも音の少ない図と、多い図を用意して、その違いを音で表すよう促すこともできます。

・右のようにいろいろな音を描いたものを用意しておいて、まぜて行いましょう。

・「この絵には何の楽器が合うかしら？」と、みんなで相談して決めてからはじめる方法もあります。

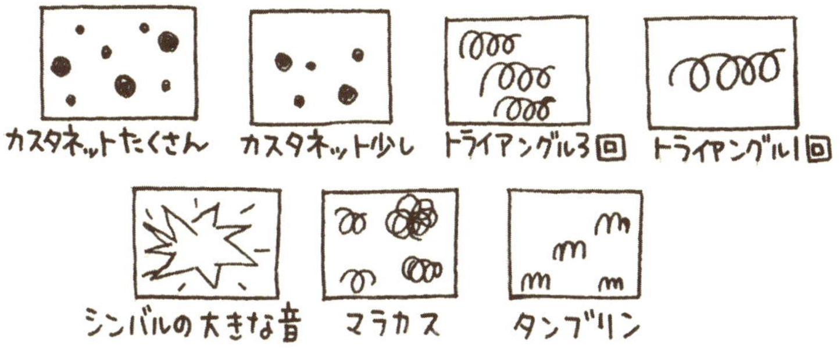

❤遊び方2

❶描かれた図を床に並べる。
★子どもたちは楽器を持って床に座ります。

❷先生が示す図の音を、感じたままに鳴らす。
★先生が棒で、ゆっくり、すばやく、いったりきたりと指し示します。
★慣れてきたら指揮者役を子どもと交代します。

楽しく音を出して遊べましたか？

「違うよ、そうじゃないよ」などの否定的なことばを使わずにできたでしょうか。図を見て感じたままを音で表せたらそれで十分！　自ら音を出そうとすること、どんな音がいいか考えることがとても重要なことです。楽器に慣れるとともに芽生えてくる「もっときれいに鳴らしたい」「もっと大きな音を出したい」などという気持ちを大切に育てたいものです。

2 絵本に音をつける「おむすびころりん」

子どもたちにも絵本の読み聞かせに参加してもらい、効果音をつけて遊んでみましょう。普段の読み聞かせとは違った楽しさが生まれてきますよ。絵本を選ぶ時は、お話の中にリズミカルなことばが並んでいたり、子どもたちの好きな擬態語、擬声語（オノマトペといいます）が出てきたりするものを探してみてください。

ここでご紹介する『おむすびころりん』には、子どもの歌の作詞家として有名な香山美子（こうやまよしこ）さんによる、リズミカルなことばがついています。「おむすびころりんすっとんとん」と、何度もことばを声に出してみてから、みんなでいろいろな楽器や身の回りのものを叩いてみて、そのことばにふさわしい音をつけてみましょう。また手拍子や足拍子（ボディーパーカッション）も使い、全身で絵本を楽しんでみてください。

出典『おむすびころりん』日本民話　香山美子／文　高見八重子／絵　鈴木出版

★おむすびが落ち、てぬぐいが落ち、ぞうりが落ち、最後にはじいさま本人が、穴に落っこちてしまいます！

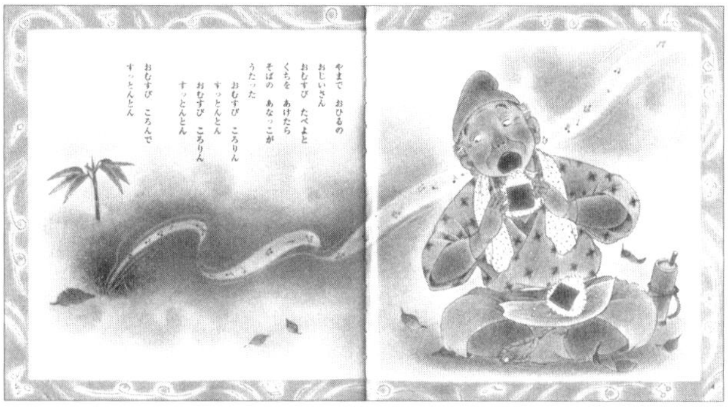

ぞうり　ころんで
すっとんとん

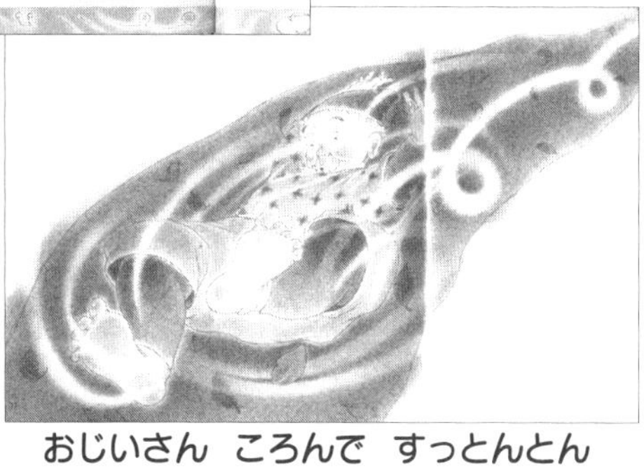

おじいさん　ころんで　すっとんとん

1　やまで　おひるの　おじいさん
おむすび　たべよと　くちを　あけたら
そばの　あなっこが　うたった

おむすび　ころりん　すっとんとん
おむすび　ころりん　すっとんとん

この繰り返しの部分に音をつけてみましょう。「おむすび　ころりん」と普通に読んでから、先生（または子ども）が高低ウッドブロックで叩きます。

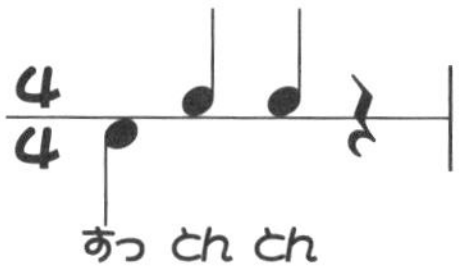

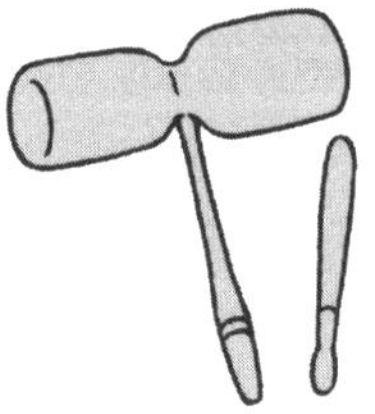

★高い音と低い音を使い分けるとおもしろい！

同時に子どもたち全員で、「すっとんとん」と声を出しながら、手拍子と、ひざ打ちをしてみましょう。

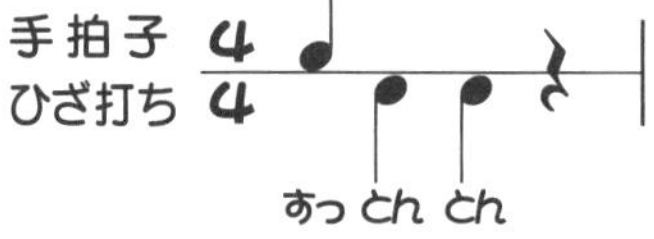

★５歳児の部屋に３、４歳児を招待して見せてあげてもいいですね。

2　はれ　ここは　ごくらく　ねずみの　くによ…　ほれ　はれ　ほれ　はれ

「ほれ」「はれ」に大小の太鼓などで、違う響きの音（高音、低音）をつけてみましょう（箱や缶でもOK）。

★ポリバケツ太鼓（p.16参照）も試してみましょう。

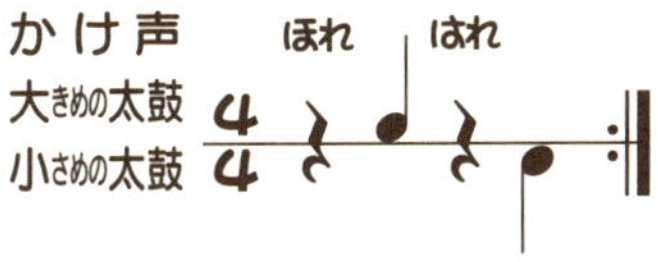

★「ほれ **ドン** はれ トン」という感じ。

3　きん　ぎん　たからが　でてくる　でてくる　でてくる　でてくる

「でてくる」のところは、カスタネットを８人位で持ち、

はじめは１人で　♫♫（でてくる）

２回目は２人で　♫♫（でてくる）

３回目は４人で　♫♫（でてくる）

４回目は８人で　♫♫（でてくる）

と人数を増やし、だんだん音を大きくします。

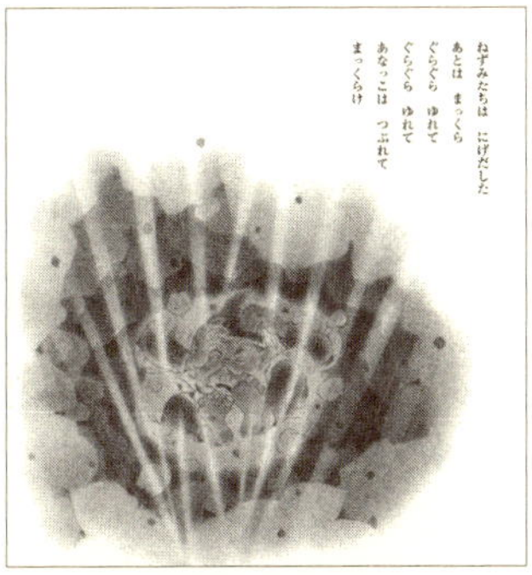

4　ぐらぐら　ゆれて　ぐらぐら　ゆれて　あなっこは　つぶれて　まっくらけ

「ぐらぐらゆれて」の後、空箱にブロックを入れて揺するなどの音をつけます（合う音をみんなで探してみましょう）。「まっくらけ」で最後に太鼓かシンバルを「バシン！」と大きく鳴らします。

3 音のある劇遊び「海の音楽隊」

発表会

楽器をたくさん使った劇遊びで、楽器と仲よしになりましょう。この劇遊びでは、遊ぶたびに自分の好きな楽器を選ぶことができます。見てさわって、気に入った楽器を手にして劇に入っていく…そんなわくわくする雰囲気作りを目指しましょう。

★劇の延長として、自分の手にした楽器と同じ音のする楽器はどれか、聞き分ける遊びも楽しめます（p.35 参照）。

ナレーター
ぼくたち げんきな ふなのり さぁ～
おひさまごう
波の係
ザザザ～
中にあずきが入っています。

1場 - 1 〈船の上〉 船乗り1～7が1人1個、小物楽器を持ってスタンバイ

波の係：ザザ～　ザザ～　ザザ～

（ナレーター）ここは静かな海の上。波の音もおだやか。
でもちょっと耳を澄ましてごらん。楽しい音楽が聞こえてくるよ。

★ナレーションの間ずっと鳴らす。

船乗り１：ぼくたち元気な船乗りさ～♪
２：今日もゆかいな音楽を～♪
３：おひさまニコニコうたいましょ～♪

★持っている楽器を自由に鳴らしながら、セリフを言う。あるいは好きな曲のメロディーを替え歌にしてうたう。

（ナレーター）おひさま号の船乗りたちは、みんな音楽がだぁい好き。
毎日毎日、船の上で、楽器を演奏しています。
今日も、それぞれお気に入りの楽器を持って演奏をはじめました。ところが…。

★ CD を流してもいい。

用意する楽器
♬波の音を表すオーシャンドラム
（p.84 参照　なければ平たい大きな箱に小豆などを入れて作る）
♬大太鼓 ♬シンバル ♬ウィンドチャイム ♬フライパン
♬小物楽器や身の回りの音の出るもの…高低ウッドブロック・鈴・マラカス・タンブリン・カスタネット・ペットボトルなど（7種類／各2個ずつ）
※ペットボトルは表面をこする。または中に豆を入れて振る

用意する道具
♠ソフト積み木 ♠ブルーシート
♠島の絵を描いた布か模造紙
（布の場合、両側の棒を中央に向けて倒しておき、使う時さっと立てる）
♠ふたつきの箱2つ
（1つには最初の設定と同じ楽器を入れておく。もう1つは空箱）

配役
♣船乗り7人 ♣魚7人 ♣波の係2～5人（1人だと音が弱い）
♣大太鼓係 ♣シンバル係 ♣ウィンドチャイム係
♣フライパン係

準備 ※1～3場それぞれ効果音係の場所を作る
※最初は先生がナレーター（子どもが1場ごとに交替してもよい）

1場－2〈船の上・嵐〉

大太鼓係：ドドドドドド…	★連打する。
（ナレーター）なんと急に大雨が降ってきました。 今まで出会ったことのないような大嵐です。	
船乗り4：うわぁ～～	
船乗り5：助けてくれ～～	
シンバル係：ザッパ～ン！	★全身を使って一発叩く。
（ナレーター）ひっくり返ってしまったおひさま号…。 船乗りたちは無事なのでしょうか？!!…	★船乗り全員が海に放り出される。持っている楽器は舞台の後ろに置き、船を飛び越すようにして舞台の前の方に倒れる。 ★先生が背景を描いた布（模造紙）を船の前に広げる（ずっと支えている）。
ウィンドチャイム係：キラキラキラキラ…	★下から上に向かってゆっくり鳴らす。

2場〈島〉 船乗りは順番に気がついて起き上がる

船乗り６：あれ…？　島だ！

船乗り７：助かった！

船乗りみんな：助かった！

船乗り１：よかったね。

船乗りみんな：よかったね。

船乗り２：あっ、おひさま号だ！
でも楽器がない！

船乗り３：楽器がない！

★空っぽの箱を逆さまにする。

（ナレーター）おひさま号の船乗りたちは助かって喜びましたが、楽器がなくなって寂しい気持ちでいっぱいになりました。

★先生が舞台に楽器の入った箱を出す。

船乗り４：おーい見てごらん。
ここにも楽器の箱があるよ！
あっ、いっぱい入ってる！ よかったね。

★船乗りは好きな楽器を１人１個持つ。

波の係：ザザ〜ザザ〜

3場－1〈船の上へ〉 背景の後ろにソフト積み木の船を用意しておく

フライパン係：カーンカーン

（ナレーター）今日は、おひさま号が再び海に出発です。船乗りたちもそれぞれ新しい楽器を持って船に乗り込みます。

★と言ったところで背景を外し、船乗り全員がそれぞれまた新たな楽器を持って船の後ろに回り、乗り込む。

船乗り５：ぼくたち元気な船乗りさ〜♪
６：新しい楽器で音楽だ〜♪
７：おひさまニコニコ聞いててね〜♪

★楽器を自由に鳴らす。

（ナレーター）おやおや？　おひさま号の音楽に合わせて、もう１つどこからか音楽が聞こえてきたよ。

船乗り１：だれ？ 一緒に楽器を鳴らしているのは？ だれ？

★楽器を鳴らしながら魚１〜７が船の前に出てくる。
船乗りは順にセリフを言い、顔が見えるように積み木の船の上に立つ。

魚１　　：海の中の音楽隊さ。

船乗り２：あっ、それ、ぼくたちの楽器だ！

魚２　　：嵐の日に海で見つけたよ。

魚３　　：楽しいね。

魚みんな：楽しいね。

（ナレーター）なんとなんと、嵐の日に、ひっくり返ったおひさま号を島まで運んで船乗りを助けてくれたのは、魚たちだったのです。それだけではありません、魚たちは船乗りたちの音楽が大好きで、いつも聞いていたんですって。

船乗り３：助けてくれてありがとう！

船乗り４：ありがとう！

魚４　　：どういたしまして。ぼくたちも仲間に入れて！

船乗り５：もちろん！

> 3場－2のところを
> ゲームにしましょう！
> 島の絵を描いた背景を目隠しに使います。片方のチームから1人ずつ順番に音を鳴らし、もう一方のチームが音をよく聞き、自分と同じ楽器かどうかあてっこをします。

3場－2 〈船乗りと魚の演奏会〉

(ナレーター)大喜びの魚たち。さて、どんな演奏会になったかというと…。

船乗り5：これと同じ楽器を持っている友達はいるかい？
魚　　　：はーい！　この音かな？
船乗り6：次はぼくのだ！
　　　　　これと同じの、だれか持っているかい？
魚　　　：持っているよー！　同じ音かな？
船乗り7：この楽器はどうかな？
魚　　　：持っているよー！

(ナレーター)船乗りも魚も大喜び！
　　　　　みんな同じ楽器を持った友達を探します。

船乗り1：さぁ仲間を見つけたところで、みんなで演奏だ！
魚・船乗り全員：賛成～！　賛成～！

(ナレーター)おひさま号の音楽隊と海の音楽隊の奏でる音楽が、いつまでもいつまでも海に鳴り響いていましたとさ。

魚・船乗り全員：おしまい。

★積み木の上に立って、持っている楽器を鳴らす。
★音を聞いて自分の楽器だと思った魚が、客席を向いたまま後ろを見ずに声を出す。(「見ないであてたらカッコイイよ！」と、練習時にはことばをかけてみましょう)。
★同じ楽器を持っている魚は、その楽器を鳴らしながら前に出てくる(以下、船乗りと魚が楽器を鳴らし合う)。

★発表会などでは全体のバランスを考えて回数を調節します。

★みんな一緒に楽器を鳴らす。ここで合奏曲を挿入。

あらすじ：東京家政大学児童学科4年　宮下　彩

楽器の起源は何でしょう？

楽器の起源は何か？　とルーツをたどっていくと、太鼓の仲間や貝の笛などに行き着きます。

そういった「物」を使う時代よりもっと古くは…というと、祈りの時や祝いの時にうたったり、手拍子や足拍子をした「身体」が楽器であったと言われています。つまり楽器の起源は身体楽器なのです。

その身体楽器が、それぞれの民族で、それぞれの文化に即して進化して、現在の世界中のさまざまな楽器になりました。

日本にも和楽器をはじめ、数えきれないほどのたくさんの楽器があります。子ども用と言われている楽器もたくさんありますが、その中で乳幼児が最初に出会う楽器はどのようなものがよいのでしょうか。

子どもたちにとっての楽器は、持ちやすくて、楽しい音がして、全身でリズムを感じて踊りながら手に持てるものがいいですね。

でもいったん楽器を手にすると、楽器を持つことや鳴らすことへの意識の方が強くなって、音楽に気持ちよくのる楽しさから離れてしまいがちです。ですからまずはじめは、身体から出る音を使って、つまり手拍子・足拍子でリズムにのる楽しさを味わう時間を、大人が十分に保障してあげてください。

Part 3

身体を打楽器にして遊ぼう！

身体を叩いたりこすったりして、いくつの音を見つけられるでしょうか？
身体で実際に音を感じ、リズムを叩いていくうちに
音楽の基本となる拍子の感覚がいつのまにか身についていきます。

手合わせ遊びを作る時は、子どもたちからのアイデアを
どんどん取り入れていきましょう。
自信がついて創造性や自発性も伸びていきます。

「リズムのまねっこ遊び」以降は、合奏へ進む前の大切なステップです。
子どもにとって難しいリズムも
楽しいことばをあてはめればかんたんに覚えられます。

1 身体を使って どんな音が出せるかな？

まず最初は…
身体のいろいろなところを叩いて遊びましょう。
いろいろな音が出ることに、みんなきっと驚くはず！

❤3歳児には「こんな音がするよ」と叩いてみせて、慣れてきたらまねっこ遊びに発展させましょう。4・5歳児には「音がするところ、他にあるかな？　見つけたら教えてね」と、自分たちで音を発見できるように声をかけていきます。

★身体を使って音を出す手拍子や足拍子等のことを身体打楽器、英語でボディーパーカッション(B.P.)と呼びます。

しばらく遊んだ後は、同じ手拍子でも工夫すると音が変わることに気づかせていきましょう。

ふつうにたたく
おわんのように丸くして叩く
ピッとたいらに伸ばして強く叩く
ピッ

★カール・オルフ（p.85 ～ 89 参照）は、子どものための音楽で使用する楽器のリストにタンブリンやカスタネットと同列に「手拍子」「ひざ打ち」「足踏み」「指鳴らし」の４つをあげています。

♥叩いてまねっこ

好きな速さで先生がひざ打ちをはじめます。

「さぁ、まねっこ遊びよ」と声をかけましょう。

全員がまねできていることを確認したら、手拍子に変え、しばらく叩き続けます。

そして全員まねできたら今度は…という具合に、動作を次々と変えていきます（発展 p.40）。

★はじめはゆっくり。慣れてきたら小刻みに速く叩きます。変化に気づかない子がいたら目で合図をしたり、「叩く場所が変わったよ」などと声をかけましょう。

♥身体で伴奏

お楽しみ会

歌の伴奏を身体打楽器で行います。

例えば 4/4 ♩♩♩♩ :‖ と、ひざ打ちをしながら４拍子の歌をうたいます。

「次はどんな音にする？」と聞き、例えば足拍子をしながらうたってみます。

★毎日、ほんの少しずつやってみましょう。ひざ打ちと手拍子を１拍ずつ交互に叩くなど、いろいろ楽しめます（発展 p.60）。

2 どこでもできる手拍子ゲーム

子どもの年齢（発達）や人数、場所によって遊び方を工夫し、子どもの反応をよく見てアレンジしてみましょう。

1 「叩いてまねっこ」(p39)をもとにして

★「叩いてまねっこ」でたくさん遊び、ルールが理解できた５歳児とやってみましょう。

バリエ1 震源地はだぁれ？

❶輪になってイスに座る。
❷オニが部屋の外に出ている間に、だれが震源地（リードして叩く人）になるかを決める。
❸「叩いてまねっこ」を行う。震源地の人はオニに気づかれないように叩く場所をひざから肩、肩からひじなどに変え、小刻みにずっと叩き続ける。他の子は震源地の子と同じ動きをする。
❹オニは震源地がだれかをあてる。

バリエ2 4拍子で叩く

❤叩き方を４拍子のリズムパターンにして、叩く場所を（ひざ打ち→足拍子→肩叩き）のように変えていく。
例えば  タン・タン・タン・ウン　のリズムを叩き続ける。

★最初は先生がリードしてまねっこ遊びとして行いますが、慣れてきたらバリエ１のように震源地ゲームとして遊びます。

バリエ3 リズムをまねっこ

❤叩く場所は「ひざ」など一定に決めておき、逆にリズムを少しずつ変えていく。

★これは先生のリードで行いましょう。

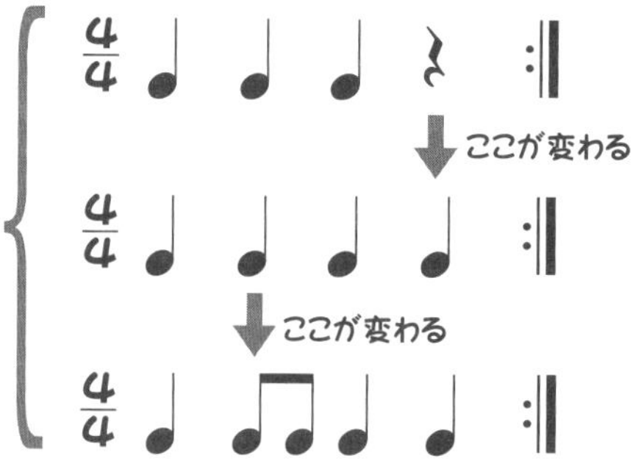

速さを同じに保って、長く叩き続けることができるようになるといいですね。

❷ 手拍子リレー

❶輪になってイスに座り、ひと打ちずつ同じ速さで手拍子をリレーして回す。

❷先生の「ハイ」の合図があったら、反対回りに変えてリレーする。

❸慣れてきたら「ハイ」の合図を手拍子「タタ」♫に変える（合図はだれが出してもOKにする）。

★回すスピードが速くなりやすいので、同じテンポで手拍子ができるように気をつけましょう。
★はじめはゆっくり行います。
★右回りなら右側、左回りなら左側に向いて手拍子すると、わかりやすいでしょう。

バリエ1 2拍分ずつ回す

❶ 

タン タタ タン タタ

などのリズムパターンを、慣れるまでみんなで叩く。

❷その後、1人が2拍分のリズムをリレーしていく。

バリエ2 1拍分ずつ回す

♥バリエ1ができるようになったら、今度は1人1拍ずつ叩いて回す。

★「次はどんなリズムにしようか？」とみんなで相談しましょう！

まちがえた子がイヤにならないように、先生が上手にフォローして、つっかえたって、まちがえたって楽しい！　という雰囲気を作りましょう。
苦手な子はどこにでもいます。でも笑いながら楽しんで、何度もやっているうちに上手になり楽しくなっていく…それが遊びと勉強の違いではないでしょうか。

バリエ3 目を閉じて音を感じて

❤目を閉じて１拍ずつ手拍子リレーを行う。

★目を開けて行うリレーの何倍も難しい！ でも目を閉じると、音により集中できるようになるのです。

★身体を次に回す人に向け、耳元で叩いてあげるとわかりやすくなります。

★先生は目を開けて見ていて、うまくつながらないところは「次は○○ちゃんよ」と声をかけてあげましょう。

バリエ4 手拍子ボールリレー

❤アトランダムに手拍子を回します（ボールを投げて回すような感じ）。

❶輪になって立つ。

❷はじめの子が、次に手拍子を回したい子の顔をじっと見て１回手を叩き、その子に向けて下からボールを投げるような動作をする。

❸自分に手拍子がきたと感じた子は、また別の子に回す。

❸ 音のあてっこゲーム

❶２人組になって１人が目をつぶり、もう１人が身体のどこかを使って音を出す。
例えば「手をお椀のようにして叩く」とか「胸を叩く」…など。

❷あてる子どもは目をあけて、同じように音を出してみる（ことばで言わず音で出す）。違ったらもう一回。

★あてることより、よく音を聞こうとすることが大切です。

p.38 参照

❹「あんたがたどこさ」ゲーム

❶「あんたがたどこさ」を、慣れるまで全員で声を出してうたう。

❷歌詞の「さ」以外のことばをうたうグループＡと、「さ」だけをうたうグループＢの、２つに分かれてうたう。

❸うまく分担してうたえるようになったら、今度は、Ａは同じく自分たちのパートだけ声を出してうたい、Ｂは「さ」の部分で声を出さずに１回手拍子をする。

★うっかりまちがえる子がいておもしろい！

❹全員声を出さず、自分のパートを手拍子する。Ａはひざ打ち、Ｂは手拍子など、音を変える。

あんた	がた	どこ	さ	ひご	さ	ひご	どこ	さ
くま	もと	さ	くま	もと	どこ	さ	せんば	さ
せ	んば	やま	には	たぬ	きが	おって	さ	
そ	れを	りょう	しが	てっ	ぽうで	うって	さ	
にて	さ	やいて	さ	くって	さ			
そ	れを	この	はで	ちょいと	か	ぶ	せ	

★４拍子、３拍子、２拍子のまざった変拍子の曲です（p.71 参照）。

⑤ だ・ん・だ・ん・お・お・き・く

❶「だ・ん・だ・ん・だ・ん・だ・ん・お・お・き・く・な・り・ま・す」と言いながら１文字につき１回手を叩く（最初は弱く～最後の「す」は思いっきり強くなるように）。

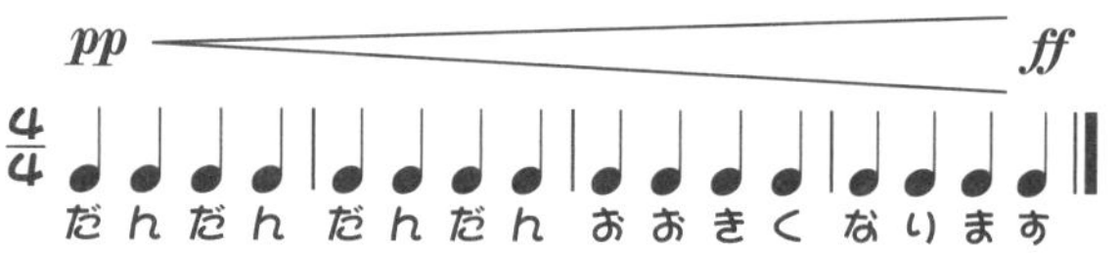

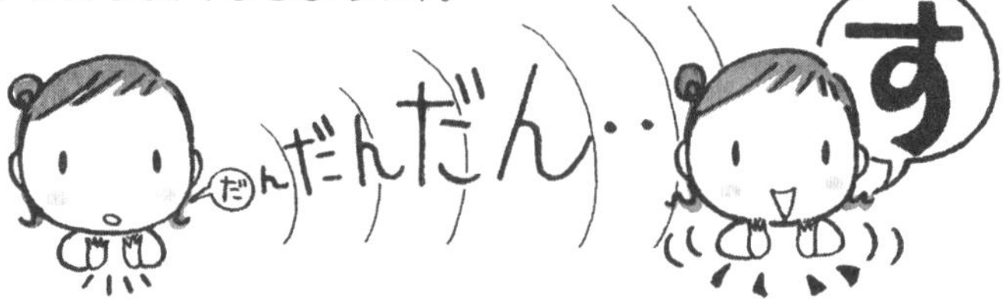

❷「だ・ん・だ・ん・だ・ん・だ・ん・ち・い・さ・く・な・り・ま・す」と言いながら手を叩く（今度は最初を強く～だんだん弱く）。

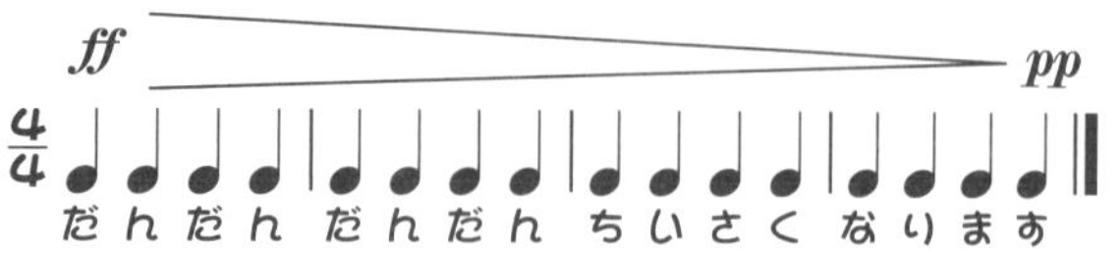

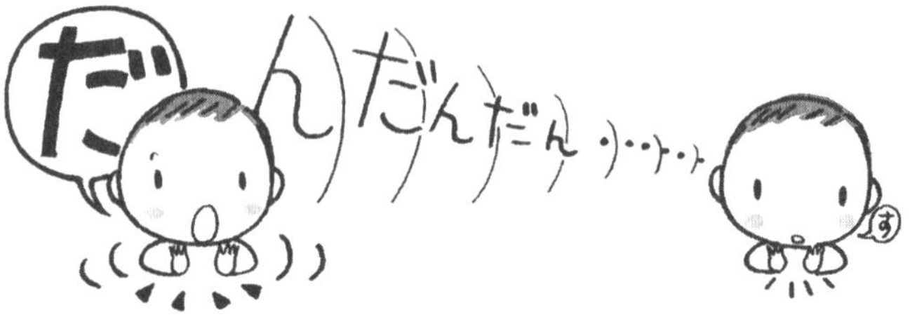

★厳密にできなくても、だんだん大きく、だんだん小さくしようとする感覚がつかめればいいでしょう（p.25 類似）。
★「だんだん～なります」とことばをつけることで、４小節の長さ（フレーズ　p.56 参照）を自然に感じられるようになります。
★慣れてきたら声を出さずに手拍子だけで遊んでみましょう。

ボディパであそぼ

作詞・作曲　細田淳子

6 ボディパであそぼ

※10人以上の偶数なら何人でも

２人組で向き合ったまま一重の円になり、
メンバーチェンジしながら繰り返し踊りましょう。
参観日に…親子交互に輪になって踊ると、親はクラスの
子どもたち全員と顔見知りになることができます。

8小節ごとにくるっとジャンプ！
振り返るまでだれが
次の相手かわからない…?!
その意外性がおもしろい♥

最初だけ
せっせっせーの　よいよいよい

両手を上下に振る　その手をクロスさせる

ボ　ディ　パー　で

手を１回叩き、相手と右手をタッチ

手を１回叩き、相手と左手をタッチ

あそぼうよ　てびょうし　トントン　タンタンタン

「ボディパで」の繰り返し

手拍子２回　両手を２回合わせる　手拍子３回

あしびょうしに　ひざびょうし　さあ　くるくるまわって

※位置を入れ替わる

足踏み４回　両手でひざを３回叩く　両手を広げてつなぐ　左に半周回る

バイバイ　バイ　ボディパで～

新しい相手と繰り返し

手を振る　ジャンプして反転（真後ろを向く）

G H
E F
E H
C D
C F
A B
A D
半周回りジャンプして
反転すると
組み合せが
こんなふうにかわります。

3 手合わせ遊び

楽しくうたいながら手を叩き合う「手合わせ遊び」を楽しみましょう！
リズムに合わせて手拍子を打つなど、仕組みはとてもかんたんな遊びですが、知らず知らずのうちに拍子感がよくなるなど、音楽の指導にピッタリの要素が、たくさん含まれています。

「おちゃらか」「茶つみ」「桃太郎」「みかんの花咲く丘」「線路は続くよどこまでも」…
昔から伝わるこれらの曲を思い出して、子どもたちと遊んでみましょう。
何人かの子が覚えれば、あとは子ども同士で伝え合って広がるでしょう。

おぼえているかな？

お寺のおしょうさん

❶せっせっせ〜の よいよいよい

手をつないで上下に振り、「よいよいよい」でクロスさせる。

❷おてらのおしょうさんが かぼちゃのたねをまきました

お　て

２人で向き合い、自分の左手と相手の左手を交互に叩く。

❸めがでて

❹ふくらんで

❺はながさいて

❻ジャンケン

❼ポン

★この歌はドとレの２音だけでできているので、音程を取りやすく、拍子を合わせるよい練習になります（p.70 〜参照）。

手合わせ遊びのよいところ

1　拍子をきちんと取る、よい練習になります。
2　子どものアイディアで創作することもできるので、創造性をのばせます（p48 参照）。
3　友達と向き合い、目を見て手のぬくもりを感じることで、より仲よくなれます。
4　子どもにとって遊びの数分間は、相手を独り占めし、満足できる至福の時間。先生にとっては短くても個と向き合うことのできる貴重な時です（いつも赤ちゃんに手を取られがちのお母さんと幼児の場合も同じです）。
5　親子でもちょっとした時間（お風呂で、バスを待つ間）に、スキンシップがはかれます。

アルプス1万尺

ある園でのエピソード…１人の女の子がお母さんから教わった「アルプス１万尺」をとてもユニークなやり方で友達に伝えました。
はじめから全部の動きを教えずに、**１日目**は下記の Ａパターンだけを最後まで繰り返して遊び、**２日目**は Ｂパターンを加えて ABAB と繰り返して遊び、**３日目**に ABCABC と最後まで通して遊びました。段階を踏んで伝えていったことで、３日目には、みんなしっかり遊びを覚え、クラス中にあっというまに広まったそうです。

せっせっせ～の よいよいよい

★ Ａパターンを繰り返すだけの遊び方なら、３歳児でも楽しめますね。

Ａパターン

ア	ル	プ	ス
手拍子	相手と右手を合わせる	手拍子	相手と左手を合わせる

Ｂパターン

いち	まん	じゃ	く
手拍子	両手を合わせる	手拍子	両手の指を組み手のひら側を合わせる

Ｃパターン

こや	り	の	う	えで
２回手拍子	右ひじをたて左手でさわる	左ひじをたて右手でさわる	腰に両手をあてる	左手をのばしてひじのあたりに右手を置き、互いの右ひじを左手でつかむ

アルプス１万尺

アメリカ民謡

Ａパターン
Ｂパターン
Ｃパターン
ア ル プ ス いち まん じゃ く こ や り の う え で
A
B
C
ア ル ペ ン お ど り を さ あ お ど りま しょう
ラ ラ ラン ラン ラン ラン ラン ラン ラ ラ ラン ラン ラン ラン ラン
ラ ラ ラン ラン ラン ラン ラン ラン ラン ラン ラン ラン ラン

手合わせ遊びを作ってみよう！

手合わせ遊びは曲も手の動きも決まっているもの、と思い込んでいませんか？
ある一定の動きを決めて、うたいながら繰り返せばいいだけです。どんな歌でもオリジナルの手合わせ遊びにすることができます！　さあ、さっそく作ってみましょう。

❶好きな歌を決めたら、その歌が何拍子の曲かを考えます。

★軽く手拍子をしながらうたい、強く叩きたいな、というところが感じられたら、そこを強く打ちます。
強いところから次の強いところまでに何回手を打ったかで、何拍子かがわかります。

どん	ぐり	ころ	ころ	→2拍子
1	2	1	2	

やね	よ	り	た	か	い	→3拍子
1	2	3	1	2	3	

❷拍子に合わせながら、２人でどんな手の動きにするかを相談して決める。

★《コツ》４拍子の曲なら４つの動きを決めて、それを繰り返します。どのような動きでもいいのですが、１拍目は拍子の中でも１番大切なので、相手と合わせるより自分自身で手拍子するのがいいと思います。

創作の例① 2拍子「ぶんぶんぶん」　※２拍子の歌「かたつむり」「ちょうちょう」

❤「お寺のおしょうさん」（p.46）の、最初の動きを繰り返すだけ。

ぶん　　ぶん

せっせっせ~の
よいよいよい

ぶんぶん　ぶん　　はちがと　ぶ
おいけの　まわりに　のばらが　さいたよ
ぶんぶん　ぶん　　はちがと　ぶ　　（作詞 村野四郎）

★年齢が低く、まだ十分に手を動かせない子どもが相手の時などは「1・2」の2のところでしっかり手を握ってあげましょう。

せっせっせの
よいよいよい

←３拍子の場合は「せっせっせ」も３拍子で！

創作の例② 3拍子「ありさんのおはなし」　※３拍子の歌「ぞうさん」「うみ」

あり	さん	の	おは	な	し
手拍子	右手の甲を合わせ	右手のひらを合わせる	手拍子	左手の甲を合わせ	左手のひらを合わせる

きい	た	か	ね		
手拍子	右手の甲を合わせ	右手のひらを合わせる	手拍子	両手を２回合わせる	

★上記の動きを４回繰り返します。

★「ありさんのおはなし」までの動きを繰り返すだけでも OK です。
★３拍子を感じるために、１拍目は自分で手拍子するのがいいですね。
★うたい出しの音程が取りにくい場合は、「せっせっせのよいよいよい」は音程なしで、話すようにやってみましょう。

楽譜

せっせっせ～の
よいよいよい

創作の例③ 4拍子「はじめまして」 ※4拍子の歌「大きな栗の木下で」「アイアイ」など

は 手拍子　**じめ** 相手と右手を合わせる　**まし** 手拍子　**ての** 相手と左手を合わせる

ごあ 手拍子　**いさ** 両手を合わせる　**つ** おじぎをする

★上記の動きを４回繰り返します。

「ほそだ じゅんこと
もうします
うたをうたうのが
だいすきです」
のように
自己紹介の替え歌を
作ってみましょう。

はじめまして　作詞・作曲　新沢としひこ

はじめましての ごあいさつ ねこやまたろうと もうします
おひげがピンピン はえています どうぞ これから よろしくね

ありさんのおはなし　作詞　都築益世　作曲　渡辺　茂

4 リズムのまねっこ

Step1 ～3までは、合奏に発展させていく過程のとても大切なステップです。ここで十分に遊び込むことでリズム感が本物になり、スムーズに合奏を楽しむことができるようになるのです。
一見難しいリズムも、子どもたちになじみのあることばに置き換えることで、かんたんに楽しく覚えられます。

Step1 まねっこ（模倣）

模倣→問答→即興

「まねっこ」（模倣）は、リズムには何通りものパターンがあることを知り、パターンに慣れることを目的に行います。毎日少しずつ遊びましょう。

★はじめは４拍子のリズムばかりを取り上げ、４拍子の感覚を身体でつかむまでやってみましょう。
★つっかえずに続けて手拍子できるように、先生はあらかじめ練習をしておきましょう。

遊び方

♥「まねっこしてね！」と声をかけ、かんたんな単語に合わせて４拍子の手拍子をする。
子どもたちは後についてまねをする。

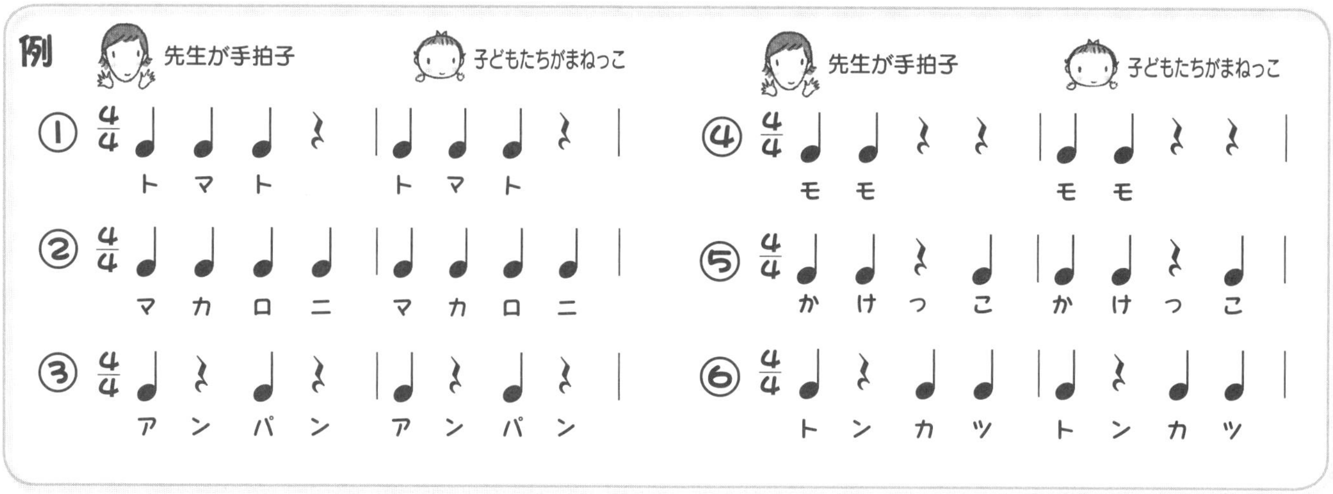

★①②などは基本なので、毎回まぜて遊びましょう。
★子どもたちの様子を見ながら、少しずつリズムを変えていくようにしましょう。

★４拍子のリズムを感じるには休符はとても大切です。しっかり意識できるように、休符の時は両手を握るポーズで表します。
★休符を飛ばしてしまう子がいたら「よく見てね」と繰り返して気づかせます。

★単語のかわりに「ウンタン」などのリズム読みで遊んだり、ことばをつけずに手拍子だけのまねっこもしてみましょう。

★４拍子が感覚的にわかってきたかなと感じたら、ちょっと複雑なリズムと、やさしいリズムをまぜてみましょう。

4/4
アイスクリーム　アイスクリーム　リンゴ　リンゴ
ミートソース　ミートソース　ひこうきぐも　ひこうきぐも
おなか 胸 ひざ打ちなども まぜて 遊びましょう!

★先生は最初は子どもたちのパートも一緒に手拍子しますが、慣れてきたら子どもの時は叩かず、身体でリズムをとって４拍を数えてみせるようにしましょう。

「おなまえなぁに？」

自分の名前を４拍子で表現する楽しいゲーム

4/4
おなまえ　なあに？
じゅんこ
みんな
★最初は手拍子
まずは先生

♥全員で手拍子しながら「おなまえなぁに？」とたずね、１人ずつ答えていく。

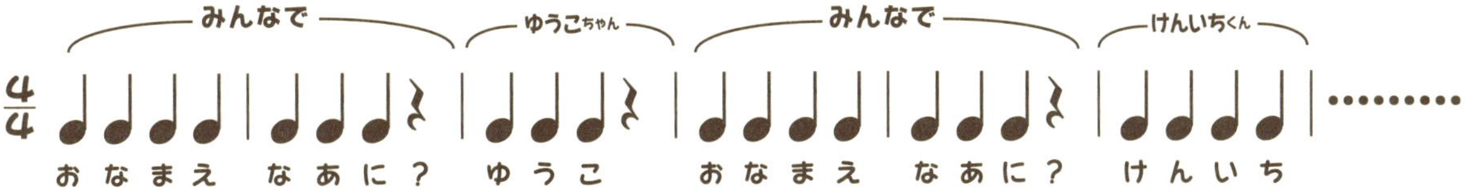

みんなで
ゆうこちゃん
みんなで
けんいちくん
4/4
おなまえ　なあに？　ゆうこ　おなまえ　なあに？　けんいち

バリエ 床に丸くなって座る。全員で床を叩きながら、「おなまえなぁに？」とたずね、１人ずつ順番にひざを叩きながら自分の名前を答えていく。

★「すきなものなぁに？」「イチゴ！」など、いろいろ変えて遊びましょう。

4/4
まい
まーい
まいです
どの答え方でも OK♡
ひざを叩く
おなまえなあに

エピソード

（手伝ってあげようかな？）と心配していた長い名前の「あゆたろうくん」が、にこにこ顔で

4/4
あゆたろう

と答えられたのには驚きました。

また、少し障害を持った子の番が回ってきた時のこと、みんなが声をそろえてその子の名前を言ってあげたのにも感動しました。そのあとは、みんな何だかうれしくなって、１人ずつ名前を言うルールが自然に変わり、みんなの名前をみんなで答えてずっと遊びが続きました。

この遊びは子どもたちに、やる気と協調性を与えるようです。

Step 2　おへんじ（問答）

模倣→問答→即興

「まねっこ」でリズムの模倣の力がついてきたら、「おへんじ」（問答）に進みましょう。

❤遊び方

「今度はまねっこではなく、みんなの好きなリズムでお返事してね。みんな違うリズムでいいのよ！」と声をかけ、４拍子のリズムを手拍子します。
それに対して子どもたちは思い思いのリズムを叩いて答えます。

★まねっこを十分にやった後なら、この問答リズムに無理なく移れます。

※先生が叩く場合は、４拍子であれば複雑なリズムを打ってもかまいません。

先生の手拍子に………………思い思いのリズムで答えます。

「問いのリズムに答える」ということは、子どもたちはその場で、答えのリズムを即興的に創り出して叩いているということです。まねっこ（模倣）の段階で４拍子１小節の長さを感覚的に覚えた子どもは、そこでなじんだリズムを「おへんじ」の時に取り出して叩くことができるのです。
模倣ができたら問答、そして即興へ…オルフ・シュールベルクの考え方です（p.86 参照）。

Step 3　自由に（即興）

模倣→問答→即興

「まねっこ」「おへんじ」の復習をしてから「自由に」（即興）に入ります。

♥遊び方1　1小節の即興

「次は、先生のリズムにお返事するのではなくて、みんなが好きなリズムを叩いてね」と言い、「1（イチ）・2（ニ）・3（サン）・4（シ）」あるいは「1・2・3・ハイ」とかけ声で合図する。

★もう4拍の長さが感覚的にわかっているので、長く叩きすぎることはないはずです（1小節でおさまります）。

♥遊び方2　2小節の即興

「今度はもっと長いリズムを叩いてみましょう！」

バリエ　4小節の即興

※これは5歳以上でできれば十分です。

「今度はお山2つ分のリズムを叩いてみましょう！」

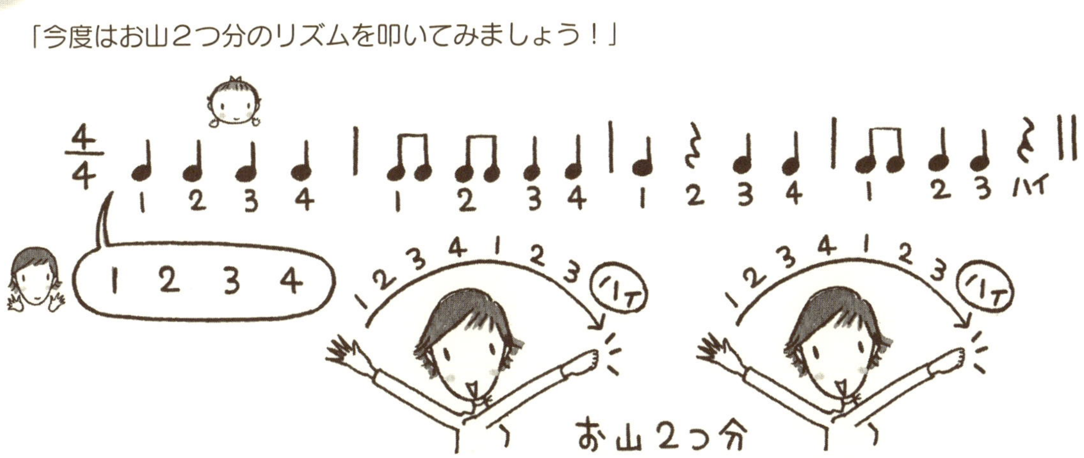

参考 リズムパターン一覧表

リズムを子どもたちに教えたい時、「タンタンタタタン」と言うよりも、ここにご紹介したようなことばをあてはめて伝えると、楽しくかんたんにリズムを覚えることができます。

4/4拍子

←最初に上げた「イチゴ」とは休符の位置が違うだけですが、ずっと難しくなります。

2/4拍子

$\frac{3}{4}$ 拍子

※３拍子の子どもの歌は少ないので、心がけて３拍子の歌をうたい、リズム打ちをして３拍子に慣れましょう。

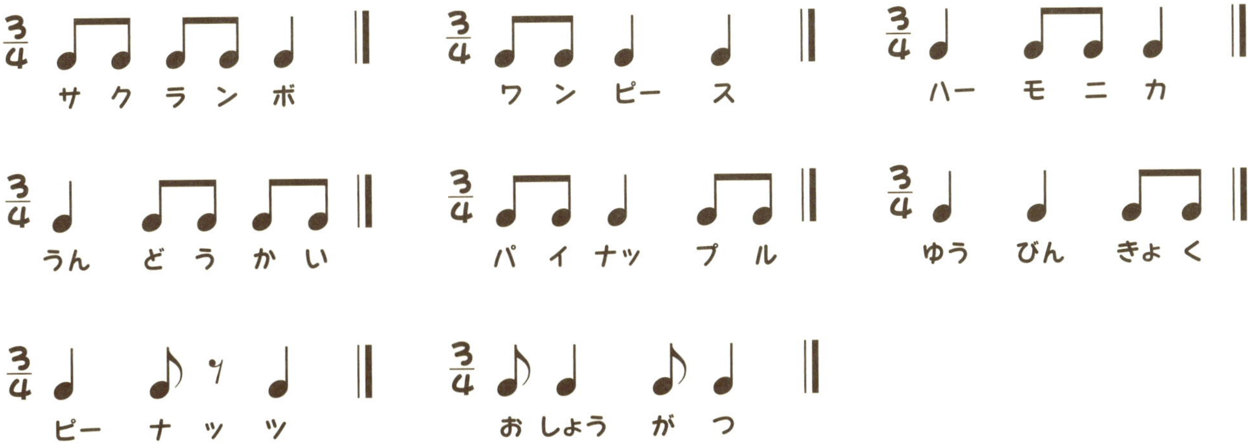

$\frac{6}{8}$ 拍子

※ 6/8 拍子の子どもの歌は少ないですが、器楽合奏曲にはあるので指導に役立ちます。

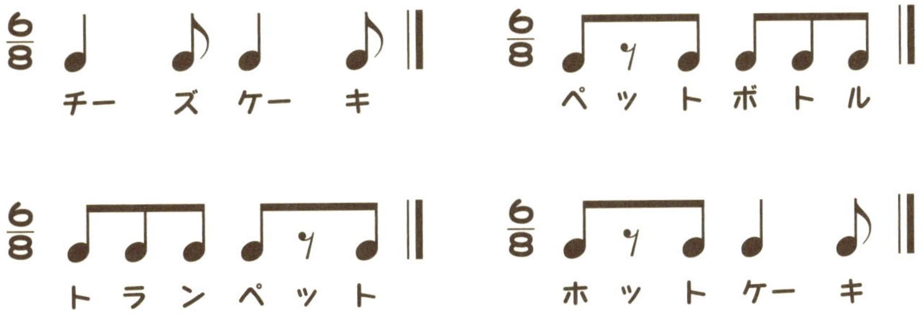

ポイント

♥普段からこうしてリズムに親しんでいれば、合奏の指導をする時などに、「“えっちらおっちら”のリズムで叩いてみよう」とか、「“てんどん”もう１回」、「“ドーナツ”のところからもう１度」のように伝えることができ、子どもたちにわかりやすく知らせることができます。

★休符を忘れないように、意識して子どもに伝えましょう。

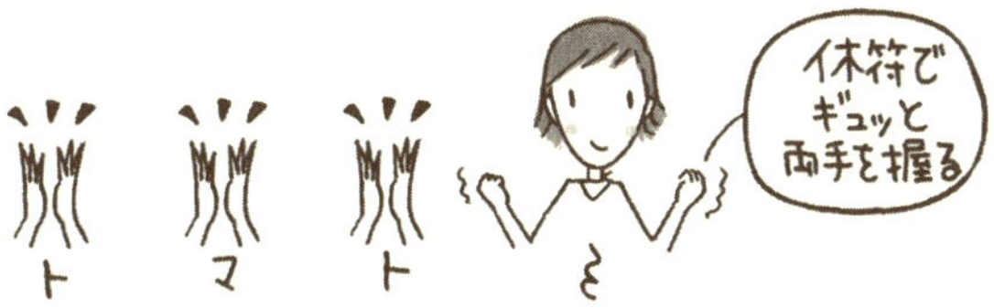

★今日は４拍子で遊び、次の日に３拍子で遊ぶなど、混乱しないように、分けて行いましょう。

★普段、日本語として話しているリズムを使いましょう。

★１つの音譜に対して１文字を基本にします。
（促音、拗音の使い方は表を参照してください）。

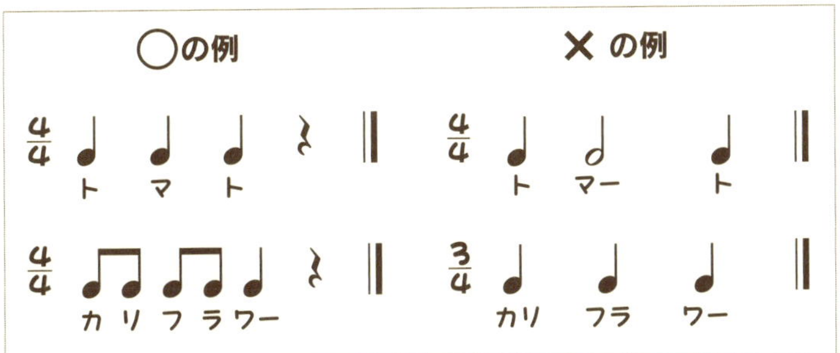

拍子・速さ・フレーズの話

拍子の話

日本の子どもの歌には 2 拍子、4 拍子の曲が多く、3 拍子の曲は数えられるほどしかありません。本書で、乳児のうたいはじめは「わらべうた」がいい、とおすすめしていますが、「わらべうた」もほとんどが 2 拍子です（p.71 参照）。

いろいろな拍子に慣れ親しんでほしいので、2、4 拍子の音遊びをしたあとは、ぜひ心がけて 3 拍子の歌でも遊んでみましょう。決して子どもたちは 3 拍子が苦手なのではありません。小さな子でも 3 拍子の「ぞうさん」を上手にうたえることからも、それはわかります。

速さ（テンポ）の話

むずがって泣いている赤ちゃんにも好きなテンポがあるのです。大人が勝手な速さでうたっても泣き止まない時に、その子の好きな早めのテンポで、あるいは遅めのテンポに合わせて背中をトントンしながらうたうと、すぐに泣きやんで寝てしまうことがあります。

子どもたちと音遊びをしたり、合奏をする時も、どの位の速さがいいのかを、子どもの様子を見ながらよく考えてみましょう。年齢によっても、曲の感じによっても、演奏する人数によってもそれは変わってきます。少し速めにしてみたり、ゆっくりにしてみたりすると新しい発見があるかもしれません。

フレーズの話

音楽にも（西洋音楽のこと）文章でいうと「、」や「。」にあたるところがあります。歌で言うと息を吸うところです。それは普通 4 小節ごとにひとかたまりになっている、いわば「、」にあたるところなのですが、それをフレーズと言います。

本書では、音遊びをする中で、子どもたちにフレーズを感じる力がつくようにしてあります（p.22 他）。音楽をひとつの固まりとして感じる力、豊かな音楽性を育む基礎になる「フレーズ感」を、小さい時から身につけさせたいものですね。

Part 4

合奏しよう！

いよいよ合奏！　でも身構えることはありません。
ご紹介するのは、同じリズムを繰り返すことを基本にした
かんたん合奏（分担奏）ばかりです！
繰り返しなので子どもも楽しめ、大満足。
さまざまな楽器の音色の違いに耳を傾けながら
組み合わせを考えていきましょう。

まずボディーパーカッションからはじめましょう。
カスタネットだけで、はなやかで盛り上がる合奏曲や
「わらべうた」をテーマにした、ステキな合奏曲の作り方などを
ご紹介していきます。

1 ボディーパーカッションでの合奏

合奏は楽器を使わなくてもできます。ここではボディパーカッション（身体打楽器）でできるステキな合奏の方法をご紹介します。Part3で十分に遊んでいれば、その延長で無理なく演奏できるようになります。

導入　ハンカチキャッチゲーム

合奏をする時には「音を合わせる」ことが大切なポイントです。
「ここ」と思ったその瞬間に音を出せるように、ゲームからはじめてみましょう。

❤先生がハンカチを投げ上げ、キャッチした瞬間に子どもたちは手を叩く。

★手を大きく振って高く投げたり、キャッチしてすぐに低く投げたり、フェイントをかけたりと、緊張感を持たせて遊んでみましょう。
★手拍子のかわりに足踏み、ひざ打ちなど、いろいろ変えて遊びます。

バリエ

❤ハンカチのかわりにドッジボール用のボールを使い、ボールがバウンドした瞬間に身体を叩いたり、「キャッ」「パン」「シュワン」など、声を出したりする。

★これも投げる速さや高さに変化をつけて遊びましょう。

❶ 同じリズムを繰り返すだけのステキな伴奏法

同じリズムを繰り返す伴奏をオスティナートと言います。オスティナートで好きな歌に伴奏をつけてみましょう。

民謡をうたう時は手拍子をしてうたいますね。例えばソーラン節では

のように手拍子をし、 をオスティナートにして叩いているのです。
途中で手拍子のリズムを変えたりしません。これと同じと考えてください。

❤遊び方

❶例１のように、リズムと叩く場所を決めて、みんなで叩く。

❷ずっと繰り返して、全員が「手・ひざ・手・ひざ」のようにリズミカルに叩けるようになったところで、先生が「きらきら　ひかる…」などと４拍子の歌をうたい出して合わせていく。

❸子どもたちも叩きながらうたう。

★うたいながら叩くリズムはかんたんで単純なものがいいので、四分音符だけのリズムにしましょう。

（例１）

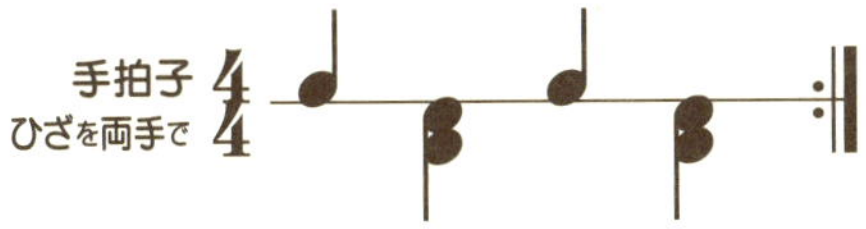

バリエ

❤いろいろ変えて遊びます。

❶立って行ったり、座って行ったりする。

❷叩く場所を変える（リズムは  で変えない）。

（例２）

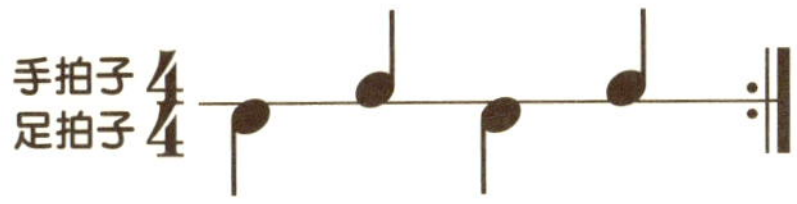

（例３）

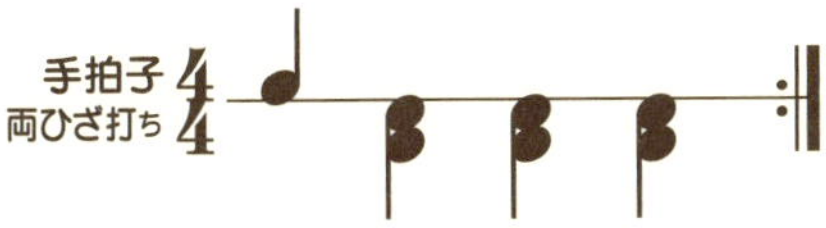

★その他、肩やおなかなども使って叩いてみましょう。

❷「おもちゃのチャチャチャ」かんたん伴奏 (類似 P.39)

❶伴奏グループＡ・Ｂと、うたうグループＣに分かれる。

Ａのリズム

Ｂのリズム

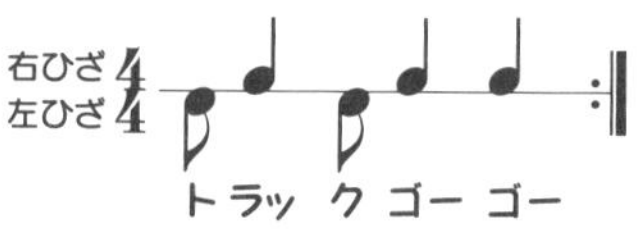

Ｃの歌　「おもちゃのチャチャチャ」(野坂昭如・作詞　吉岡治・補作　越部信義・作曲)

※前奏：Ａのリズムを２回、Ｂを重ねて２回叩いたらうたいはじめましょう。　※後奏：ＡとＢを一緒に４回

※後奏は入れず、歌が終わる時、同時にB.Pの伴奏も終わりにしてもいい。

★やさしい歌ならば、うたいながら同じリズムをずっと叩くこともできますが、少し複雑な歌だと難しいので、無理せずに伴奏グループと、うたうグループに分かれて行い、役割を交代して演奏しましょう。

❷ことばつきのリズムに慣れたら、ことばは心の中で、声は出さずに叩いて練習する。
❸ AB は前奏を同時にはじめても、ずらしてはじめても…それは指揮者が好きなように。
❹指揮者の「はじめ」の合図で AB がスタート（前奏になります）。それに C の歌が加わる。
C グループの歌の間も AB はずーっと叩き続ける。

★歌が終わっても指揮者の終わりの合図までずっと叩き続けます（ここが後奏になります）。
★ A のグループの手拍子を打つ手にカスタネットを乗せ、足拍子とカスタネット、B の両ひざのかわりに手で叩く太鼓としてボンゴなどを用意すれば、そのまま器楽合奏になります！

♫ Column

ボディーパーカッションで発表会

ボディーパーカッション（B.P.）の合奏は器楽合奏ばかりの発表会プログラムの中にあると、非常に新鮮で印象的な演目になります。

B.P. だけで 1 演目にする他にも、歌や合奏の間にはさんで演奏して、長いまとまりのある曲に仕上げることもできます。

例えば歌 2 曲と B.P. の曲を「B.P.－歌－B.P.－歌－B.P.」と組み合わせた発表は、立派な組曲のようになります。

発表会では、演奏する子どもだけではなく、それを聞いている子どもや、聞きに来た家族の人たちみんなと楽しみを共有してほしいですね。そんな時、B.P. を使えば、かんたんに会場全体を巻き込んだリズム遊びができます！

劇の準備などの幕間の時間を利用しましょう。観客全員に楽器を配ろうとしたらたいへんですが、手拍子、足拍子、ひざ打ちならだれでもすぐできます。Part 3 や 4 の遊びをしてみましょう。またリズムをかんたんに覚えてもらうために、客席をリズムに合わせたことば（例えばトマト、ショートケーキ、アイスクリームなど）の 3 つのグループに分けて合奏するのも盛り上がります（p.62 参照）。

会場がステキなリズムに包まれるでしょう。

❸ 指揮者の合図で合わせてみよう

p.50 ～ 53 の遊びの延長で、ボディーパーカッションの３部合奏をしてみましょう。
指揮者の合図に合わせるだけで、即興の合奏曲が誕生します。

❶３グループ（ABC）に分かれ、それぞれに好きな食べ物の名前などのリズムを割り振る。

★「トマト」「イチゴ」「バナナ」のように３つとも同じリズムにならないように調整し、似ているリズムでも叩く場所を変えて、音に変化を出すなど工夫しましょう。
★グループごとに自分たちのリズムを練習します。

❷指揮者の合図に合わせて３部合奏をはじめる。

★「はじめ」の合図で叩きはじめたグループは、「やめ」の合図があるまで叩き続ける…ということをきちんと約束しておきましょう。指揮者は《まず A、次は B、その次は A と C、次は C だけ、最後は３つとも…》といった具合にいろいろまぜて、自由に合図を出します（P.7 参照）。

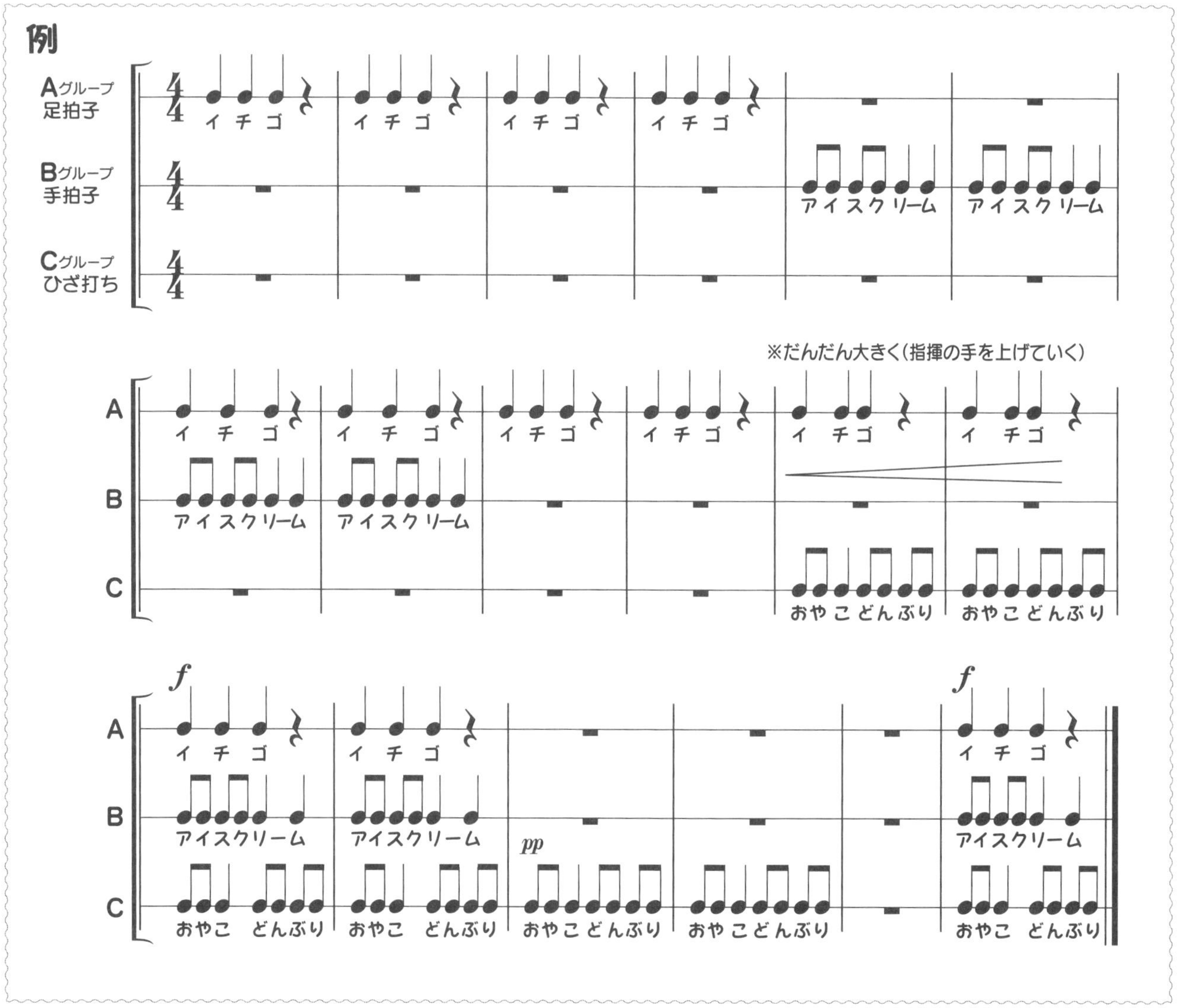

❸できるようになったら「ことばは心の中で言って、声には出さないでやってみましょう」と子どもに伝える。

★これができたら身体から出る音だけによる合奏の完成です。

★上手にできたら順番にお客さんになって聞いてみたり、録音したりして聞いてみてください。新しい感覚の音の世界にふれられるでしょう。

❹ 2部合奏の創作「かいわれボディパ」

♥ A・B 2つのグループに分かれ、それぞれ手拍子、ひざ打ち、足拍子をする。

★3つの身体の楽器を使った合奏です。

かいわれボディパ

作　細田淳子

★発表会で行う時は、ことばは心の中でとなえます。この曲を2、3回繰り返して演奏すれば、ステキな演目になります（P.61 参照）。

★これらの曲を参考に、子どもの好きなことばを取り上げて、8小節のオリジナル作品を作ってください。

❺ 輪唱の曲「静かな湖畔」を使って合奏しよう

違うリズムがいくつも重なった華やかな合奏にするには、輪唱の曲を利用しましょう。
輪唱は１曲分のボディーパーカッションリズムを作り、全員でそれを覚えて、ずらして演奏するだけなので、とってもかんたんだからです。

静かな湖畔

作詞者不詳　外国曲

❶
F
C7
F
しずかなこはんのもりのかげから
※全員で同時に行います。
手拍子
ひざ打ち
右足
左足
※両足でジャンプ！
❷
F
C7
F
もうおきちゃいかがとかっこうがなくカッ
※両ひざ叩き
❸
F
C7
F
コーカッコーカッコカッコカッコー
※左のかかとを前に出す

❤覚えやすい練習の仕方

1　歌を覚える。
2　覚えやすい小節から（この歌では「カッコー」のところから）少しずつリズム打ちを加え、何度もうたう。**★リズム打ちはかんたんなところから覚えるのがポイントです。**
3　ボディーパーカッションを叩きながら、１曲全部うたえるようになるまで繰り返す。
4　２つのグループに分かれ、４小節遅れの輪唱にして叩きながらうたう（❶❷でずらす）。
5　それができたら心の中でうたい、声を出さずにボディーパーカッションだけで叩く。

バリエ ３つのグループに分かれて演奏してみましょう（❶❷❸でずらす）。

❻ オルフの曲で合奏しよう

カール・オルフ（p.86 参照）が、子どものために作曲したリズムです。

❤覚えやすい練習の仕方

❶ＡＢ 2つのグループに分かれ、別々に練習する。

Aグループの練習

①マカロニグラタン　さあ（っさたべよ）
　マカロニグラタン　さあ（っさたべよ）
　イ　チ　ゴ　●　イ　チ　ゴ　●
　マカロニグラタン　さあ（っさたべよ）
　のことばをとなえて覚える。

② Bグループの部分（っさたべよ）は心の中でとなえる。

③手拍子をつけながらとなえる。

Bグループの練習

①（マカロニグラタン　さあ）っさたべよ
　（マカロニグラタン　さあ）っさたべよ
　やきやきやきそば　やき　やきやきそば
　ホイ！　（グラタン　さあ）っさたべよ
　のことばをとなえて覚える。

② Aグループの部分（マカロニグラタン　さあ）は心の中でとなえる。

③手・足拍子をつけながらとなえる。

❷ＡＢを合わせる。

❸楽譜についている「だんだん大きく ＜」「アクセント＞」をつけて行う。

❹ことばは心の中でとなえ、ボディーパーカッションだけで行う。

★楽譜を見ると難しそうですが、ことばをつけてじっくりやってみると、子どもでもできるシンプルな曲です。
★楽譜をしっかり頭に入れた先生が、ことばを使って伝えれば、子どもでも無理なく覚えられます。オルフの名曲です。
★オルフの曲は、ここで紹介した8小節をテーマとして、8小節の即興をはさむロンド形式「テーマ」-「即興」-「テーマ」-「即興」-「テーマ」……として、オルフ・シュールベルク「子どものための音楽」第１巻の中に紹介されています。

2 カスタネットのための4部合奏

カスタネットは子どもの手の大きさに合っていて、幼児にふさわしい楽器です。また手拍子と同じ感覚で、かんたんに演奏することができるなど長所がたくさんあります。でも残念なことに、最も身近な楽器であるために人気がなく、発表会での役割がカスタネットに決まると「ハズレ！」と思ってしまう子がたくさんいるようです。
そんなイメージを払拭するため、カスタネットを主役にしたはなやかな楽しい発表曲をご紹介します。長い曲をリズムだけで覚えようとすると難しいですが、ここまで行ってきたように歌詞を補助的に使うことで指導しやすく、楽しく覚えられるはず！
もちろんカスタネット以外の楽器を使ったり、混ぜたりしてもいいのです。

おさんぽカスタネット

作　細田真衣子

Aグループ
練習用のことば
※慣れたら楽器だけにしましょう。
ふぁ～（あくび）
※１打ちですが音が３拍続いているようなイメージで、手を打った後、半円を描くように動かします。
Bグループ
練習用のことば
ふぁ～
Cグループ
練習用のことば
ふぁ～
Dグループ
練習用のことば
ふぁ～
にちようび　るんるんるん　にちようび　るんるんるん
パパは　おおあくび　パパは　おおあくび
にちようび　るんるんるん　にちようび　るんるんるん
パパは　おおあくび　パパは　おおあくび
あそぼあそぼ　おさんぽいこう
パパは　おおあくび　おさんぽいこう
あそぼあそぼ　おさんぽいこう
パパは　おおあくび　おさんぽいこう　とっこ

とっ こ とん とん とん とっ こ とん とん とん とっ こ
p
とっ こ とん とん とん とっ こ とん とん とん とっ こ とん とん とん とっ こ
とん とん とん とっ こ とん とん とん とっ こ とん とん とん とっ こ とん とん とん とっ こ
ポッ プコーン たべたい ポッ プコーン たべたい パパ！ パパ！ かって かって かって！
f
pp
（ ⁒ ＝前の小節と同じ）
pp
pp
とん とん とん とっ こ とん とん とん とっ こ
pp
こ まっ た なぁ こ まっ た なぁ こ まっ た こ まっ た おさいふわすれた
f
とん とん とん とっ こ とん とん とん とっ こ
pp
左足 右足
やだ やだ やだ やだ ぜっ たい ぜっ たい ポッ プコーン たべたい よー
f
（×＝足拍子）

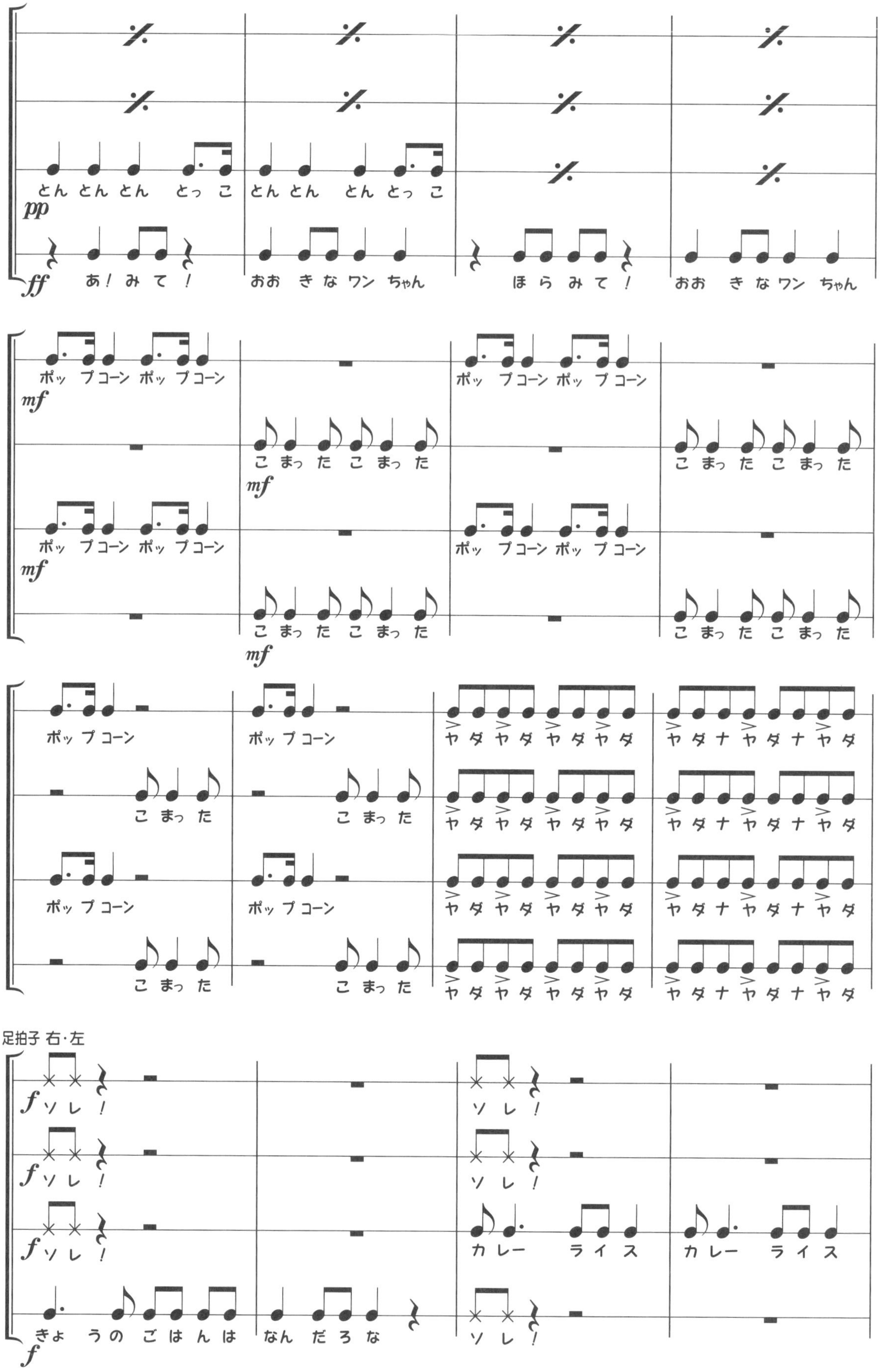

とんとんとん とっこ とん とん とんとっこ
pp
ff あ！みて！ おおきなワンちゃん ほらみて！ おおきなワンちゃん

ポップコーン ポップコーン ポップコーン ポップコーン
mf
こまった こまった こまった こまった
mf
ポップコーン ポップコーン ポップコーン ポップコーン
mf
こまった こまった こまった こまった
mf

ポップコーン ポップコーン ヤダヤダヤダヤダ ヤダナヤダナヤダ
こまった こまった ヤダヤダヤダヤダ ヤダナヤダナヤダ
ポップコーン ポップコーン ヤダヤダヤダヤダ ヤダナヤダナヤダ
こまった こまった ヤダヤダヤダヤダ ヤダナヤダナヤダ

足拍子 右・左
f ソレ！　　　　　　　　　　ソレ！
f ソレ！　　　　　　　　　　ソレ！
f ソレ！　　　　　　　　　　カレーライス　カレーライス
f きょうのごはんは なんだろな ソレ！

足拍子 右·左
ソレ！
そうしよう！ そうしよう！
おうちにかえろう おうちにかえろう
ソレ！
カレーライス
おなかがぐーぐー
ふぁ～ (あくび)
にちようび るんるんるん
パパは またあくび
mf
ママが まってるよ おうちにかえろう！
f
ff

3 「わらべうた」で合奏しよう！

日本の伝統的な音楽のよさを、「わらべうた」を通して子どもたちにぜひ伝えていただきたいと思います。
ここでは「わらべうた」のすぐれた特徴と、発表会用の合奏曲にアレンジする方法などをご紹介していきます。

「わらべうた」は最初にふれる音楽として最適

「わらべうた」は昔の子どもたちの遊びから生まれました。
遊びながらとなえたことばの抑揚でできているので、音の幅がせまく（ドから急にラに上がったりせず）、うたいやすく、乳幼児期に最初に接する音楽として最適のものといえます。

**★例えば「なべなべそこぬけ」は、「なべなべ…」と声を合わせてとなえながら生まれた歌です。
（最初からドとレとミを使って作曲されたわけではありません）。**

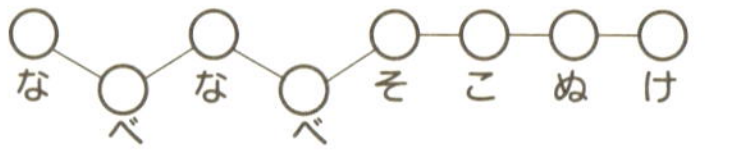

「わらべうた」の多くは民謡音階でできています

「わらべうた」の多くはラドレミソの５種類の音を使った民謡音階でできています。

★民謡音階は他の音域でもできますが、子どもが遊びながらうたう声域を考えて、本書ではラドレミソラの民謡音階を使います。

民謡音階（陽音階）

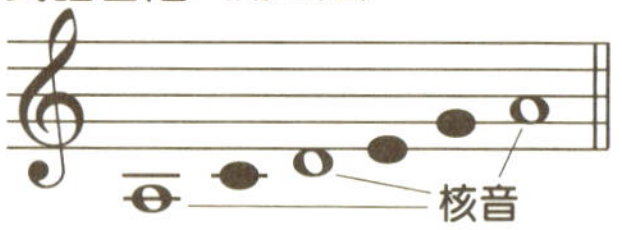

私たちが普段多く接している西洋音楽は、例えばドレミファソラシの７個の音でできた音階を基にしています。それに対して「わらべうた」は、５個の音でできた民謡音階を基にしているので、西洋音楽とは違う独特な印象を与えます。

「わらべうた」のメロディーはことばの抑揚に従っていますので、地方によってさまざまですが、うたい終わりは基本的に核音（終止など重要な役割を持つ音）になります。

★例えば「あつこちゃんあそびましょ」とうたってみてください。終わらせたくなる音が核音です。

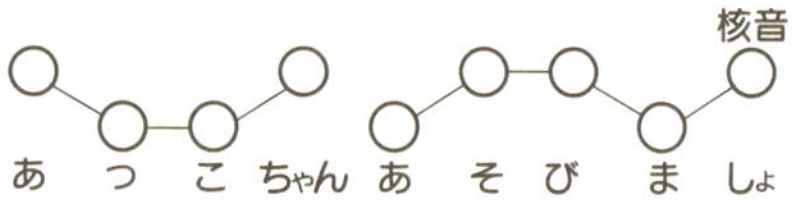

そのため「わらべうた」に伴奏をつけるのはかんたん

西洋音楽は、伴奏をつける場合、メロディーの音によってドミソ（C）がふさわしい時や、シレソ（G）がふさわしい場合があるので、その都度、和音（コード）を選んで変えていく必要があります。最初から終わりまで全部ドミソ（C）というわけにはいきません。

それに対して民謡音階でできている「わらべうた」ならば、その民謡音階の中から好きな音を選んで、ごく短い音のパターン（p.76 伴奏 Aのバリエーション参照）を作り、ずっと同じ伴奏の繰り返しで違和感がない、というユニークな性質があります。

★さらにオルフ木琴（p.85）を使い、木琴に民謡音階の音だけを乗せておけば、まちがえることがないのでかんたんです。

❶「わらべうた」の構成音リスト

ここにあげた「わらべうた」は民謡音階でできていますから、木琴による民謡音階の伴奏（p.76 伴奏 A のバリエーション参照）や、打楽器によるリズムなどを自由に合わせて合奏を楽しみましょう。

★注意：たまに都節（みやこぶし）でできている「わらべうた」（「ことしのぼたん」等）や、２つ以上の音階がまざっているもの（「ずいずいずっころばし」「通りゃんせ」等）がありますから気をつけてください。

❷「わらべうた」合奏曲の作り方

実際に「なべなべそこぬけ」をテーマにして合奏曲を作ってみましょう。材料をそろえ、それを自由に組み合わせていけばいいのです。ここでは A ～ G まで７つの材料を用意してみました。

★最初は A と B だけの合奏。次に A と B と C の合奏。さらに D を増やして…というように、少しずつ進めるのがコツ。
★さらに B ～ E は、違うリズムや楽器を少しずつ増やしていきましょう。

★８小節だけの短くてかんたんな「わらべうた」が、とてもステキな合奏曲になりますよ！
★次ページからの楽譜は、下記 A ～ G の材料を組み合わせた作品です。参考にして、繰り返しを増やしたり楽器の数を増やしたりして、オリジナルの「なべなべ合奏曲」に仕上げてください。

材料のご紹介

Aのパート　メロディーをオルフ木琴（p.85）で演奏する（２本のバチを使って）

※輪唱（カノン）のように、追いかけっこにもできます。→ A① A②に分かれる

輪唱（カノン）2/4

なべ	なべ	そこぬ	け •	そ こが	ぬけたら	かえりま	しょ •		
		なべ	なべ	そこぬ	け •	そ こが	ぬけたら	かえりま	しょ •

Bのパート　民謡音階で作った伴奏を、木琴で繰り返す（オスティナート）

※オルフバス木琴などがあれば伴奏を低い音で全体を支えることができ、さらにステキな合奏になる

① アルト木琴で

② バス木琴で
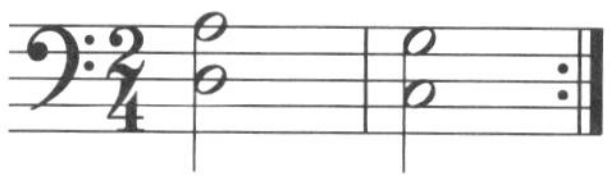

Cのパート　ボディーパーカッションでリズムを繰り返す　※2～3種類あるとよい

① 手拍子
足拍子
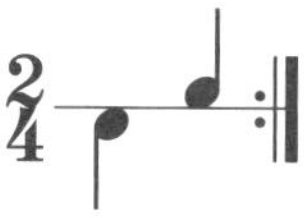

② 右ひざ
左ひざ

Dのパート　小物打楽器でリズムを繰り返す　※2～5種類あるとよい

①高低ウッドブロック
（カスタネット、クラベス
など木製打楽器）
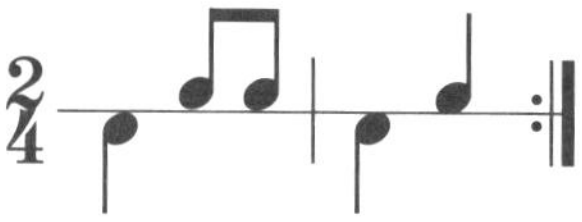

② 手太鼓
（タンボリン
など皮製楽器）

Eのパート　ことばでリズムを繰り返す

①

②

Fのパート　動きでリズムを繰り返す

※「なべなべそこぬけ」を同じ子どもが繰り返して遊ぶ

《遊び方》「なべなべ～ぬけたら」まで２人で向き合って
両手をつないで左右に振り、「かえりましょ」
でつないだ手の輪を同時にくぐる。

Gのパート　歌をうたう

「なべなべそこぬけ」アンサンブル

作　細田淳子

全てオスティナート伴奏を重ねていく手法ですので、だいたいの順番を決めておき、あとは指揮者が音をずらして重ねていったり、そろえて休んだり、即興的に構成しましょう。

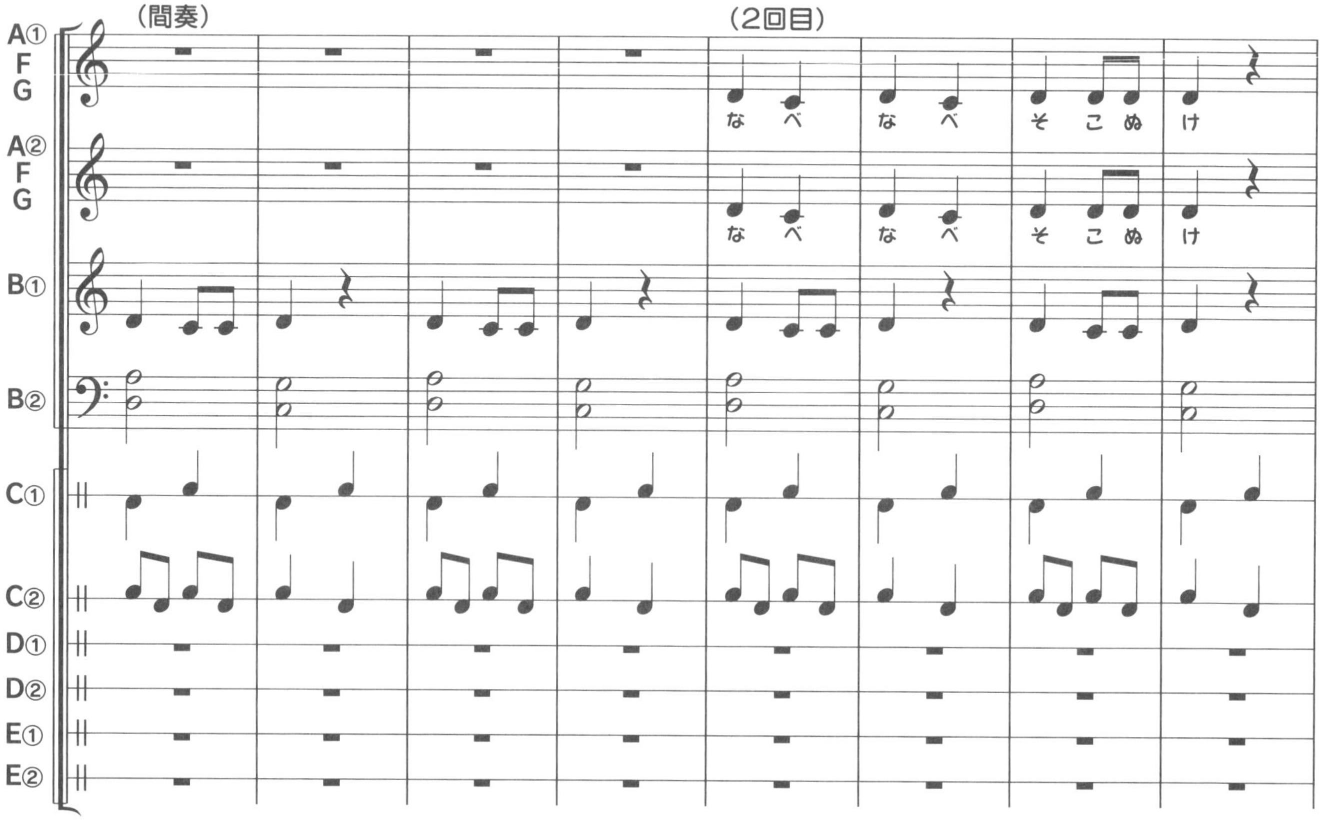
（間奏）
（2回目）
A① F G
A② F G
B①
B②
C①
C②
D①
D②
E①
E②
な べ な べ そ こ ぬ け
な べ な べ そ こ ぬ け

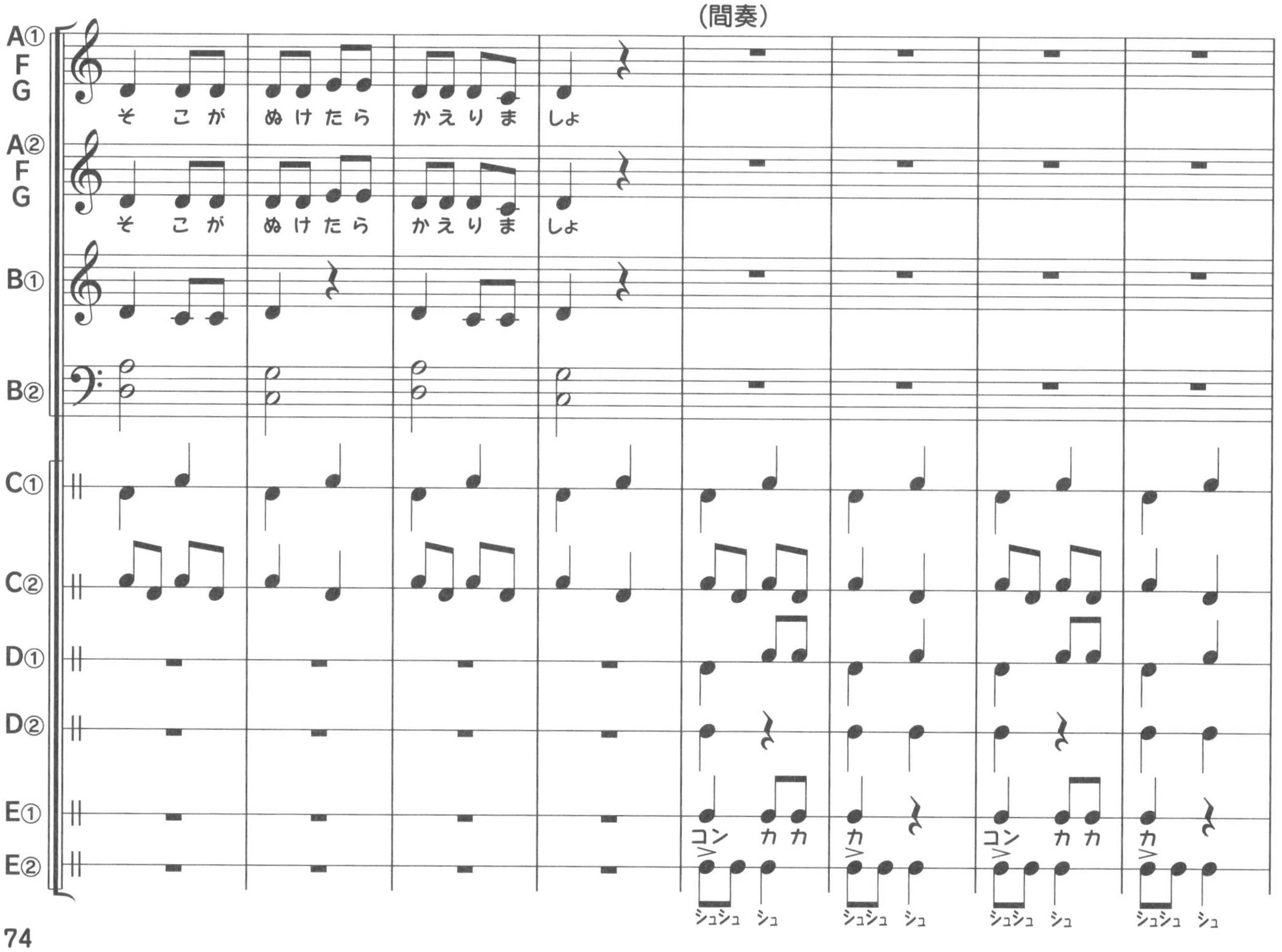
（間奏）
A① F G
A② F G
B①
B②
C①
C②
D①
D②
E①
E②
そ こ が ぬ け た ら か え り ま しょ
そ こ が ぬ け た ら か え り ま しょ
コン カ カ カ コン カ カ カ
シュシュ シュ シュシュ シュ シュシュ シュ シュシュ シュ

（3回目・輪唱）
A① F G
なべ なべ そ こぬ け そ こが ぬけたら かえりま しょ
A② F G
なべ なべ そ こぬ け そ こが ぬけたら
B①
B②
C①
C②
D①
D②
E①
コン カカ カ コン カカ カ コン カカ カ コン カカ カ
E②
シュシュ シュ シュシュ シュ シュシュ シュ シュシュ シュ シュシュ シュ シュシュ シュ

（後奏）
A① F G
A② F G
かえりま しょ
B①
だんだんゆっくり
B②
C①
C②
D①
D②
E①
E②
シュシュ シュ シュシュ シュ

③ 紙芝居に音をつけて遊ぼう「ごんぎつね」

お楽しみ会

紙芝居に日本的な雰囲気の曲をつけて演じてみましょう。「わらべうたで合奏しよう！」(p.70) で紹介した民謡音階を使います。

♥伴奏の作り方／ラドレミソの5種類の音を使って好きな伴奏パターンを作り、繰り返しましょう（オスティナート）。

★オルフ木琴（p.85）に民謡音階の音だけを並べ、他の音は取り外します。バス木琴なら1台で十分な低音の響きが得られます。

★メロディーの作り方／伴奏と同様にオルフ木琴（アルトかソプラノなど）に民謡音階の5種類の音を乗せて、子どもたちと相談しながら4小節（あるいは8小節でも）のメロディーを作って、伴奏と一緒に演奏してみましょう。

★核音で終わるように助言してあげるといいですね（p.70 参照)。

★下記の例は場面の間に音楽をはさみ込む演じ方です。 BGM のように演じている間、ずっと演奏する方法もあります。

参考／紙芝居「ごんぎつね」新美南吉／原作　諸橋精光／脚本・画　鈴木出版

1　前奏（A ×4回）　※伴奏用のオルフ木琴（バス）にはレとラだけを乗せます。

A  ×4回

2　ごんがいたずらをする場面では、１枚めくるごとに❶を演奏します。

★メロディー用のオルフ木琴（アルトかソプラノ）にはドレミソラドレの音板だけ乗せます。

3　ごんが兵十の事情を知る場面では、A の伴奏のみ、間に演奏します。

❶ いたずらごんの音楽（A＋B）

B / A

4　ごんがいけないことをしたと気づいた場面からは、１枚めくるごとに❷を演奏します。

❷ やさしいごんの音楽（A＋C）

C / A

5　読み終えたあと後奏（A ×4回）…だんだんゆっくり演奏し、静かに終わります。

伴奏 A のバリエーション（例）★このような伴奏は何人かで同時に重ねて演奏してもいいのです。

Part 5

資料編

ここでは、日本での器楽教育の歴史と
子どもが音遊びを楽しんだり、合奏したりするのに使いやすい楽器
使ってほしい楽器などをご紹介していきます。

また本書のベースである
オルフ・シュールベルクの考え方をご理解いただくために
「カール・オルフ物語」をご紹介します。

器楽教育の歴史

ピアノ来日は明治 13 年のこと

日本には昔から三味線、琴をはじめとしてさまざまな楽器がありましたが、そういった伝統的な音楽を、明治にはじまる教育では一切取り入れようとはせず、西洋音楽の導入だけに力を入れました（現在になってその反省から、中学音楽で和楽器にふれさせるなど、伝統を取り戻す努力をはじめています）。

そのため、明治時代以前は西洋の楽器を見たことのある人などいませんでしたが、一般の人々の目の前にも西洋の楽器が登場しはじめました。

ピアノが日本に入ってきたのは明治 13 年のこと。西洋音楽の教師だったメーソンが、アメリカから来日時に持ってきたのが最初です。彼は翌年、わが国初のオルガンを作らせました。

明治にはじまった幼稚園では、保母の弾くオルガンに合わせて子どもに唱歌をうたわせました。明治 32 年の文部省令「幼稚園保育及設備規定」で、幼稚園にピアノやオルガンを備えることが義務づけられたため、日本の保育現場にはピアノなどが行き渡るようになりました。

昭和になり、リズム楽器が保育用品に

大正時代は、まだ子どもが楽器を手に持って音を出す、という考えを持つ人はほとんどいませんでした。当時、子どもは唱歌をうたい、保母のオルガンに合わせて遊戯を踊っていました。

昭和に入ってリズム楽器が保育用品として売り出され、「楽隊用具一式」と呼ばれました。昭和２年発行のフレーベル館のカタログには、大太鼓、小太鼓、ラッパ、シンバル、三角鉄（トライアングル）、笛の６種類が掲載されています。昭和９年のカタログからはタンブリンが加わり７種類になりました。

第二次世界大戦後、東京の音楽教師の中心的な人々によって「これからの時代は音楽教育の中にうたうことと鑑賞すること以外に器楽教育を取り入れていこう」という話し合いがあったと伝えられています。

そして、手に入りやすいタンブリン、トライアングルが使われるようになりました。しかし、それらは子ども用に少し小さくしただけの簡易楽器でした。そこで、「代用の簡易楽器を使うのではなく、子どもにふさわしい楽器を創り出そう」と主張した上田友亀（ともき）によってハンドカスタが考案されました。

こうして、これらの楽器が小学校で使いはじめられたのです。

小学校と保育の場の違いが理解されず…

小学校で、子ども用に小さくしたタンブリンやトライアングルが使われているのを見て、幼児教育現場の人々は同じ楽器をもっと小さくして幼児用としました。

このように、幼児の発達や手の大きさ、幼児にとっての使いやすさを考えて選ばれた楽器ではないのにも関わらず、この頃から「タンブリン、トライアングルは幼児の楽器」という認識が定着してしまい、現在まで何の疑問もなくそれは続いています。

幼児にふさわしい楽器とは

幼児の楽器として決められたものなどありません。ですから、ひとりひとりの先生が子どもの手の大きさなどを考えて、音がよく、使いやすいものを選んで使っていただきたいと思います。

最近では、カスタネットや鈴の他にも子どもサイズに小さくした持ちやすい楽器が作られたり、輸入されたりしていますので、ぜひ探してみてください。その他に、お話に音をつける時に使えそうな楽器や、身近にある音の出るものなどを楽しみながら集めてみましょう。

知っておきたい楽器大集合

音遊びを楽しみ、合奏するのに使いやすい楽器や、あまり知られていないけれど子どもたちにぜひ使ってほしい楽器などをご紹介していきます。

♬楽しく手に取り・演奏できるように♬

楽器はまず持ちやすいように持たせるのが一番。その子の手の大きさなどを考えて、持ち方を強制しないこと。演奏の仕方も同様です。「こうしなさい」と指導するよりも、子どもたちが自ら音の出し方を工夫したくなるような方法を考えましょう。ただし先生自身は一般的な持ち方・奏法をきちんと知っているといいでしょう。

★購入の際は、できるだけ子ども用のサイズの楽器を選びましょう。
★合奏をはじめ、劇遊びの効果音などに取り入れてください。

木製の楽器【1】カスタネット

日本で生まれたカスタネット

幼児が最初に出会う楽器として、カスタネットはふさわしいものといえるでしょう。手拍子ができるようになったら、その手にカスタネットを乗せてあげるだけで、すぐに演奏できるからです。

カスタネットは上田友亀（ともき）によって昭和 22 年に考案されました。それまで両手に持つミハルス、スパニッシュカスタなどがありましたが、戦後の器楽教育の波に乗ってカスタネットが全国に広がりました。

はじめはハンドカスタという名前で、当時は「赤と赤」の女子用と「青と青」の男子用が作られたのですが、不便なことも多く、後に赤と青の男女兼用が生まれました。

ヒントになった楽器

そもそものルーツは古代に動物の骨を２本合わせて音を出したのが原型といわれています。エジプトのピラミッドの壁画にも描かれています。

千葉躬治（みはる）により昭和９年頃に考案されたミハルス（両手に１個ずつ持つカスタネットのような楽器）は、ハンドカスタの原型といえるでしょう。一時は全国に広まりましたが、残念ながら戦後消滅してしまい、今は幻の楽器となりました。

スパニッシュカスタ（スペインのカスタネット）は、フラメンコを踊る時に、両手の親指にひもをかけて、残りの４本指で演奏する楽器です。

また日本舞踊で使う四つ竹や、その頃に使われていた柄つきカスタネットもヒントになったのではないかと思われます。沖縄の四つ竹や三波（さんば）もカスタネットの仲間といえる楽器です。

持ち方・叩き方・注意点

★片手の中指か人さし指にゴムの輪を通して持ち、もう一方の手で叩きます。
★子どもに指導する時は、叩く指の本数によって、音量や音質が違うことに気づかせ、コントロールできるようにことばをかけましょう。
★ゴムの輪はとかく「きつい」とか「取れた」などのトラブルのもとなので、ゴムを輪にせず長めにしておき、親指と人さし指のつけ根ではさんで持つ方法もあります。

木製の楽器【2】

♬クラベス

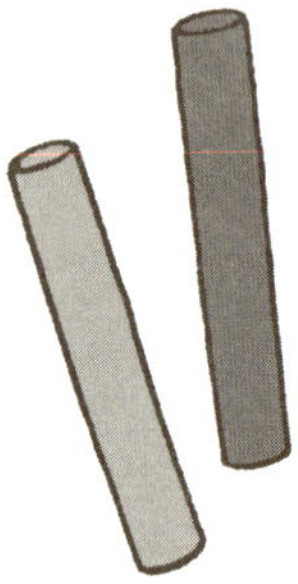

日本の拍子木に近い楽器。握りしめず、指先と手首に乗せるように左手で持ち、もう一方で軽く中央を叩くと響きのある高い音がする

♬アフリカンクラベス

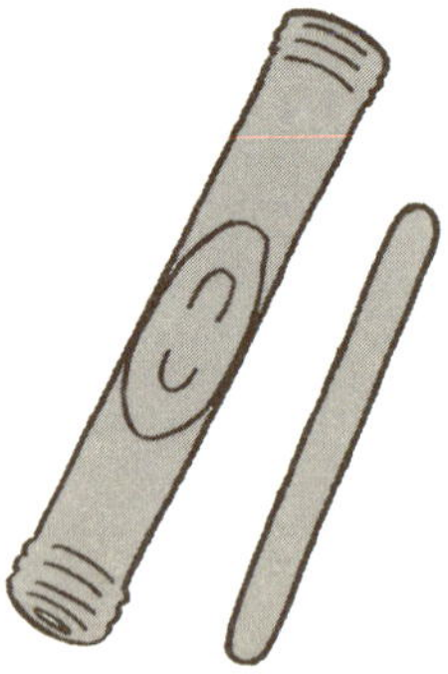

中央のえぐれた部分を左手に乗せ、包むようにして軽く持つ。クラベスよりも低い落ち着いた音がコンコンとする

♬マラカス

シャカシャカとリズムを刻む楽器。子ども用には 15cm 位のものが輸入されている

♬ギロ

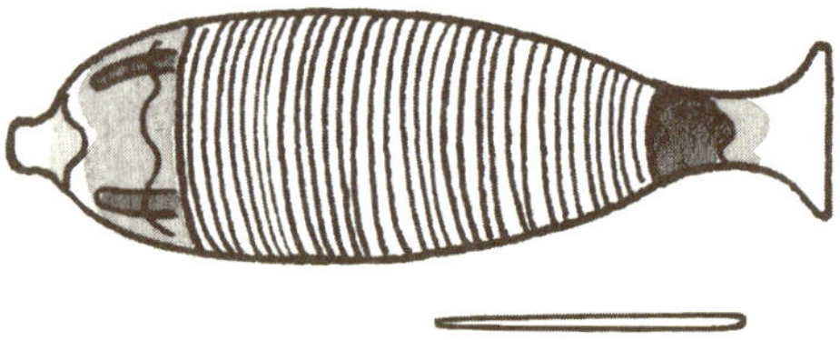

表面の溝をバチでこすったり叩いたりして鳴らす南米の楽器。多くは細いところを片手で握って持つが、子どもはそこを脇にはさみ、抱えて持つと安定する

♬玉子マラカス

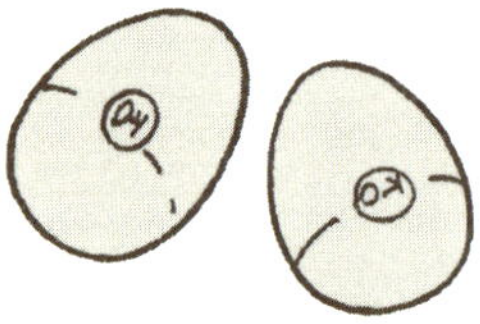

小さく手に握れるサイズ。マラカスと同様の音がする。プラスチックのものもある

♬ウッドブロック

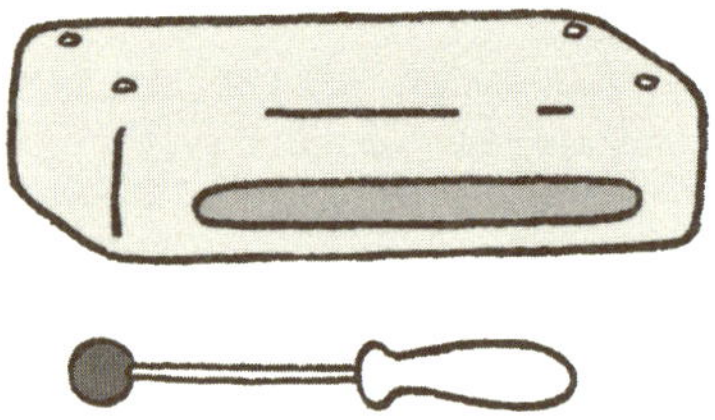

堅い木に割れ目が入っている。台の上に置いて２本バチで叩くこともできる。コンコンと乾いた音がする

♬木魚

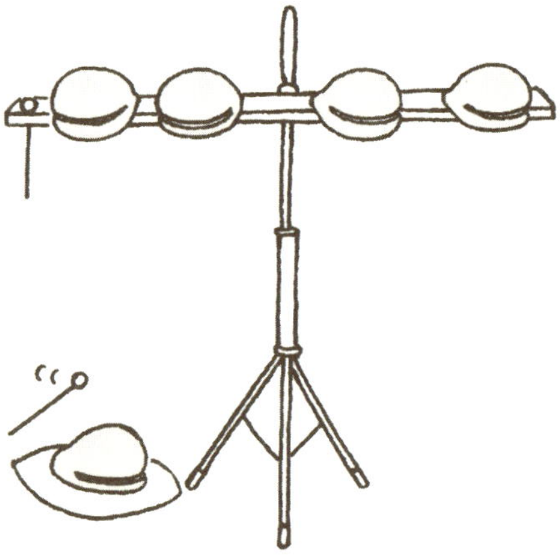

ポコポコという音が、劇遊びの効果音としていろいろ使える。現在は楽器店でも扱われ、固定できるスタンドもある

♬高低ウッドブロック

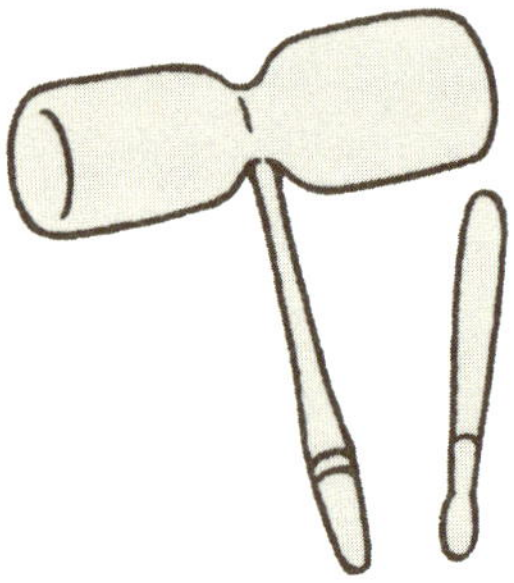

左右で音の高さが違う。またバチを変えると音の変化が楽しめる。効果音として時計の音、馬の歩く音などに合う

皮を使った楽器【1】タンブリン

タンブリン Tamburin（独）
タンバリン Tambourine（英）

タンブリンの歴史

エジプトの第３王朝（紀元前 2600 年代）の壁画にタンブリンがすでに描かれていますので、かなり古い楽器といえるでしょう。ヨーロッパへは中世の吟遊詩人が移入したと思われます。18 世紀後半にモーツァルトなどが曲に組み込んでから、オーケストラの楽器として認められるようになりました。

日本へは昭和のはじめ頃に入ってきました。最初はジャズの演奏者がスタンドにつけて、スティックで叩いて使いました。

幼稚園教育要領にタンブリンの文字が登場したのは昭和 31 年ですが、39 年には「簡単なリズム楽器」とあらためられ、必須の楽器ではなくなりました。

幼児には向かない規格が定着

戦後、子ども用にと大きさを変更した時に、直径は小さく変えたのですが、枠の高さは変えなかったため、子どもの手には握りにくくなっています。また枠に開けてある穴はスタンドにつけるためのもので、子ども用には不要にも関わらず、穴つきのまま現在にいたっています。

タンブリンの標準的な演奏の仕方

昭和の頃には穴に親指を入れて垂直に持ち、もう一方の手を平手にし、面をパシンと叩くよう指導されていたこともありました。しかし指を入れると不安定で持ちにくく、垂直に持つと、真横への動きになって叩きづらく、細かいリズムは打てません。

★幼児には、水平にかまえたタンブリンを指先をすぼめて上から叩く方法が適しています。
★中央より少し枠の近くを叩いた方が鈴の音の切れ味がよくなり、リズムがはっきり聞こえます。
★大人の場合は、親指を皮の上からあてて皮を押し、皮の表面の張力を増すようにして握ります。

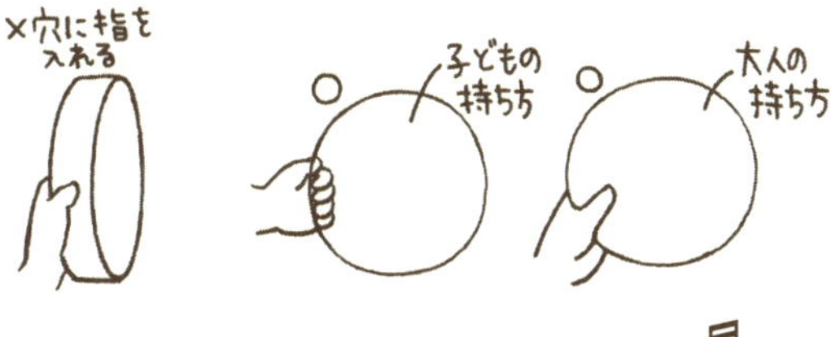

♬タンブリン（幼児の望ましい持ち方）

★持った手を上にあげ、手首を使って細かく振り動かす演奏の仕方をトレモロ奏といいます。その他にもこする、はじく、平手で叩くなどさまざまな奏法があるので、いろいろ工夫して、いろいろな音を探しましょう。

皮を使った楽器【2】

♬タンボリン

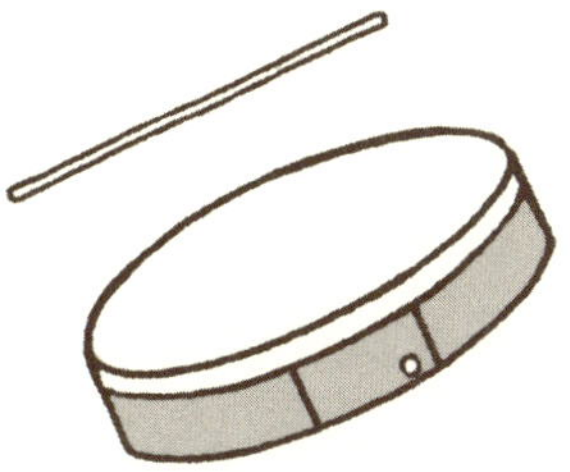

鈴のないタンブリン。スティックで叩くと乾いた音がする

♬コンガ

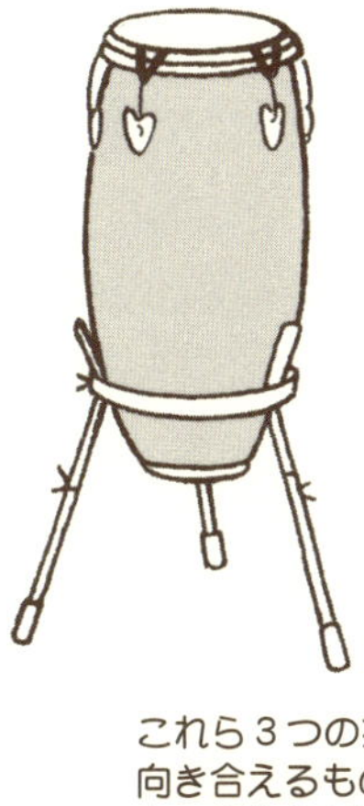

♬ジャンベ

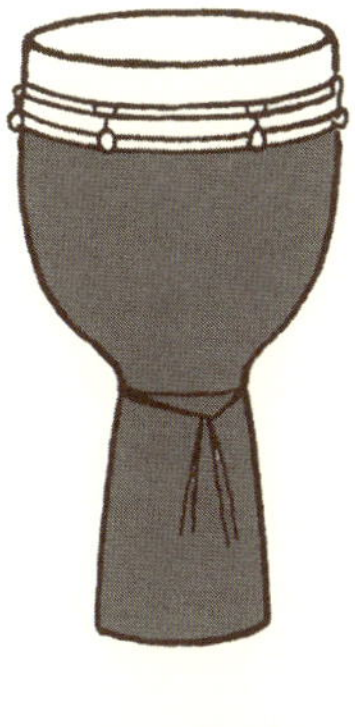

♬ボンゴ

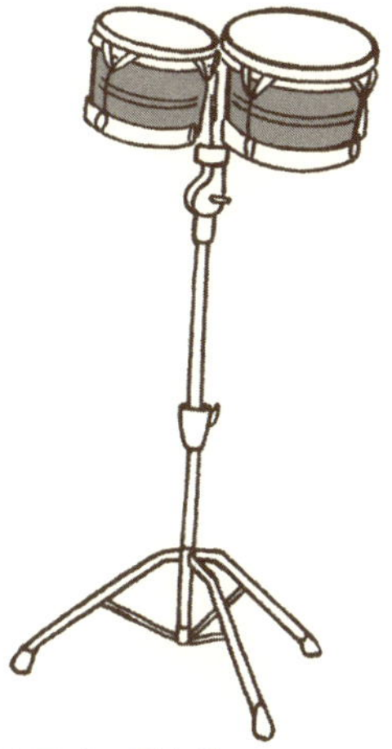

これら３つの打楽器のように、素手で叩く楽器は幼児が一番自然に向き合えるものと言える。子ども用も市販されている。
よい音をさせるには押さえつけず、はねるように叩くのがコツ

皮を使った楽器【3】

♬大太鼓

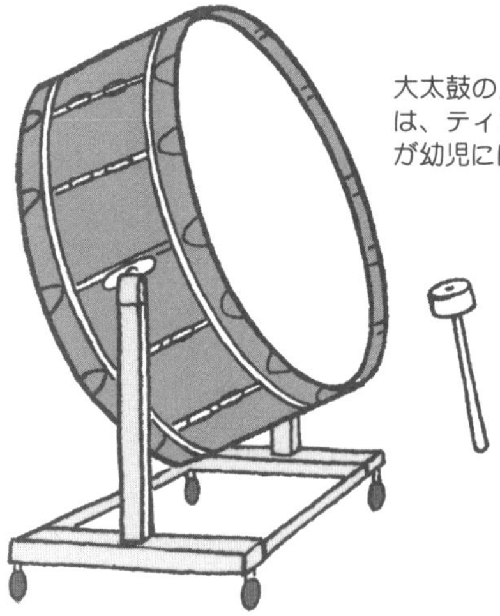

大太鼓のバチが重い場合は、ティンパニーのバチが幼児には扱いやすい

鼓笛隊で行進しながら叩く時のために横向きで叩くようになったが、室内で置いて叩くならば正面・上からが叩きやすい

♬小太鼓

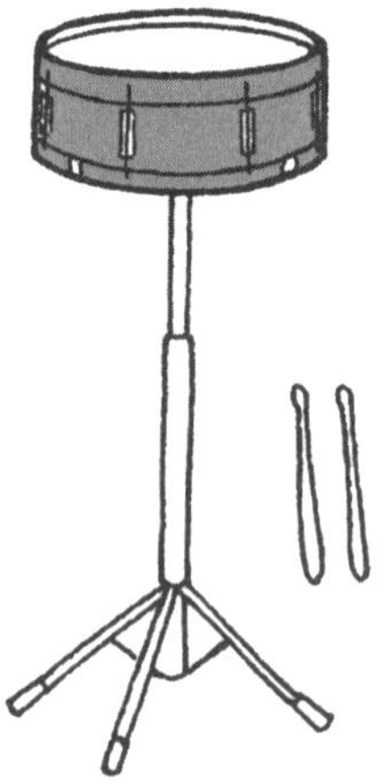

弱い音ははじの方、強い音は中心を叩く

♬トムトム

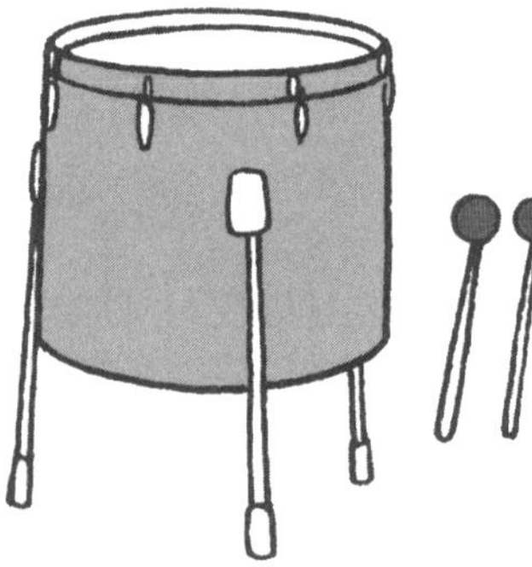

大小並べてリズムを叩く。
オルフティンパニー（p.85）と外見は似ているが、ド・レなどの決まった音は出ない

◆和太鼓について　日本の楽器の中でも尺八や三味線などに比べ、子どもでも音を出しやすく、伝統文化を伝えるためにも非常によい楽器です。地域独自で太鼓を伝承している人々などと連携し、奏法や楽器の扱い方を子どもたちに直接伝えてもらう機会を作りましょう。

金属を使った楽器【1】トライアングル

多人数で鳴らすには向かない楽器

音は澄んで長くのびるので、使い方を選べば美しい楽器ですが、多人数でたくさん叩くとガチャガチャうるさく聞こえてしまうので注意が必要です（オーケストラの中でも１本で十分な音として聞こえる楽器です）。

同じような響きを持ち、子どもに持ちやすい楽器もあります。例えばリズムを刻むならエナジーチャイム、打つリズムが少ないならフィンガーシンバルなども取り入れてみましょう（右ページ参照）。

幼児の手には持ちにくい楽器

トライアングルは昭和初期から三角鉄と呼ばれ、なじみのある楽器ではありますが、大きく重いものは幼児にとっては持ちにくい楽器です。そのためできれば１辺が10cm位で小さくて軽いものを購入してください。持ち手がクルクル回わらないように持ち手を工夫しましょう。

図１のようにプラスチック板などを使って持ち手を作り、上からガシッとにぎって持ちましょう。

図１　子どもが持ちやすいように
持ち手を手作りしましょう！

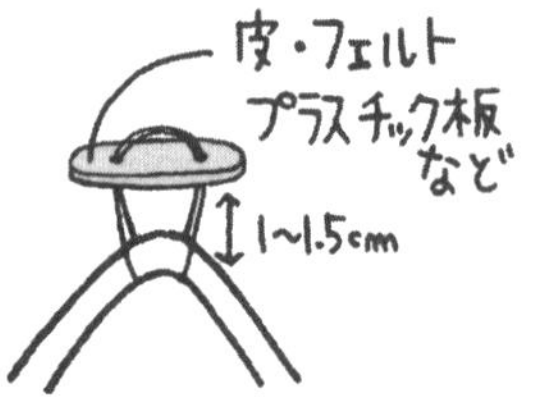

ひもはギターのナイロン弦や釣り糸がいい。リボンなどは響きを止めてしまうのでふさわしくない

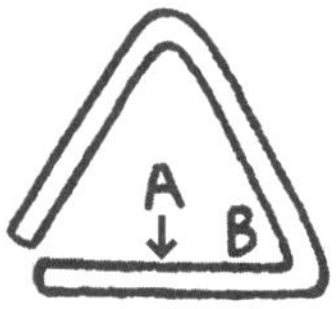

演奏法
①Ａのあたりを軽く打つ
②Ｂのあたりにビーター（バチ）を入れ、上下に素早く何度も動かす（トレモロ奏）

持ち方

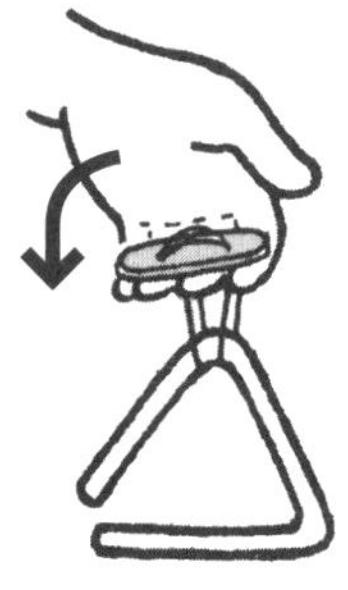

図の手首を下げてガシッとにぎる

※大人が持つ場合
一般的な１本だけの下げひもで持ちます。輪に人さし指を通し、中指と親指でひものつけ根をつまんで、トライアングルが回らないようにします。
音を消す時は、持っている方の手で握ります。

片手で持たなくてもよいようにスタンドに固定してあるものも市販されています。舞台上のスペース、人数、予算等によって考えたいものです

金属を使った楽器【2】

鈴（リングベル）

リングを持った方の手首を、軽く握った反対の手でリズム打ちしたり、持った方の手首を振りながらグルッと腕を大きく回して音を出す（トレモロ奏）。大きく鳴らしたい時は、両手に2個ずつ持ち、両手首を交差させて打つ

リストベル

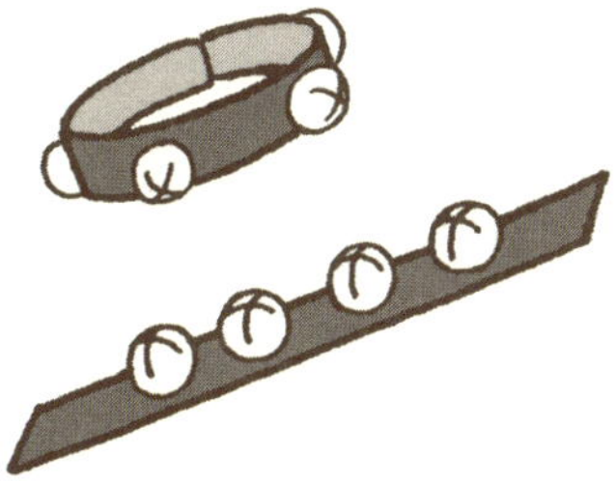

腕や足首につけて踊りながら音を出す（p.27 参照）。皮やマジックテープでベルトになっているものが市販されているが、幅広のゴムに鈴を縫いつけて、手作りすることもできる。オルフ楽器（p.85）の1つでもある

フィンガーシンバル

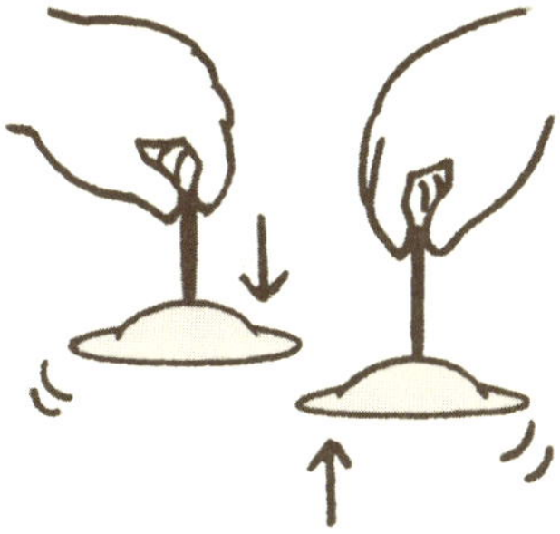

直径 5 ㎝ 位の小さなシンバル。指先でひもをつまんでぶら下げ、上下にこすり合わせる。澄んだきれいな音が長くのびる

シンバル

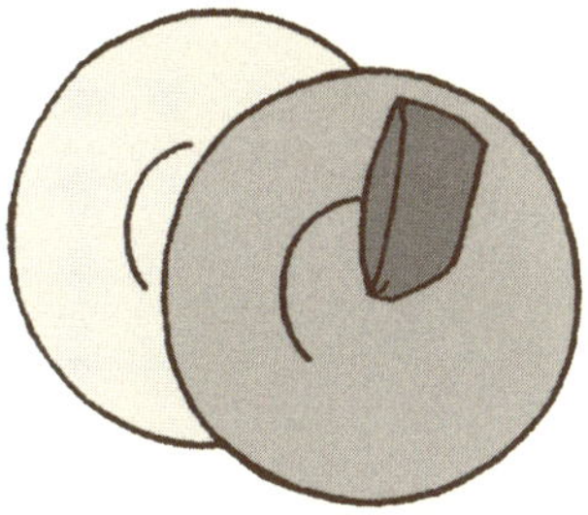

打ち合わせて叩く方法や、片方だけをつるすようにして持ち、バチで叩く方法もある。音を消す時はシンバルのはしを胸につけて止める

サスペンダーシンバル

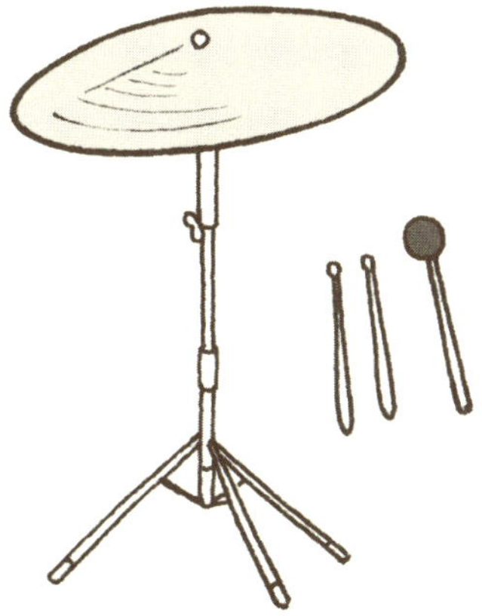

木琴用の固いバチ、小太鼓用のスティックなど、バチによって響きが変わる。普通のシンバルより子どもには演奏しやすい

ウィンドベル（バーチャイム）

長さの違う金属のバーがふれ合いキラキラキラ…と音がする。劇遊びの効果音にぴったり

モンキータンブリン

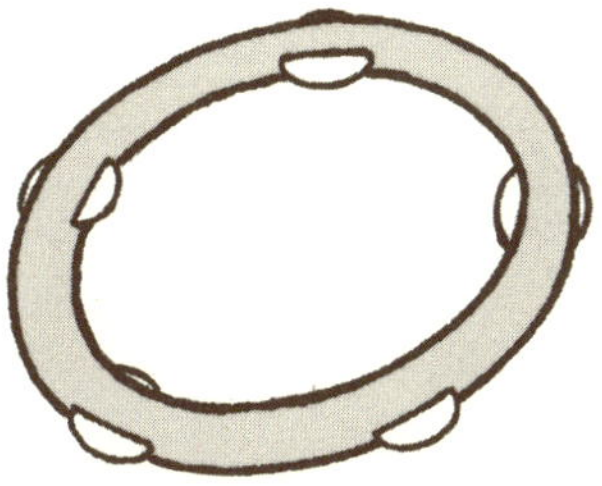

皮のないタンブリンで、振ったり、枠を叩いたりして音を出す

ミュージックベル

1本が1音（ド・レ・ミなど）なので1人1本ずつ持ち、メロディーを演奏できる。大きさは均一。※ミュージックベルのもとになったハンドベルは 450 年前にイギリスで生まれたもので、音によって大きさが全て違う

カウベル

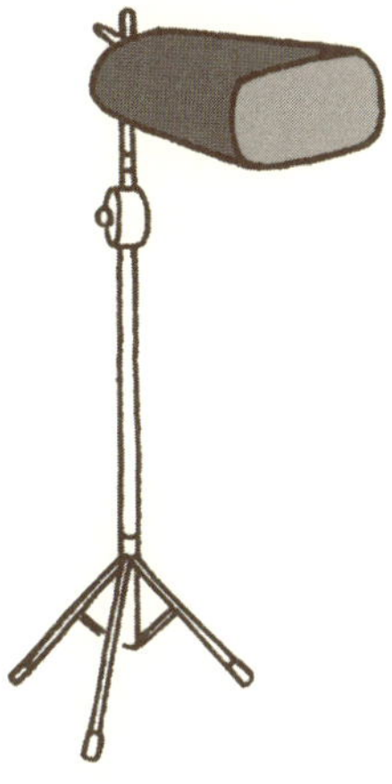

もともとは牛の首に下げるためのもの。バチで叩くとカーンという音がする。金属のバチより木製のバチの方が音が柔らかい

エナジーチャイム

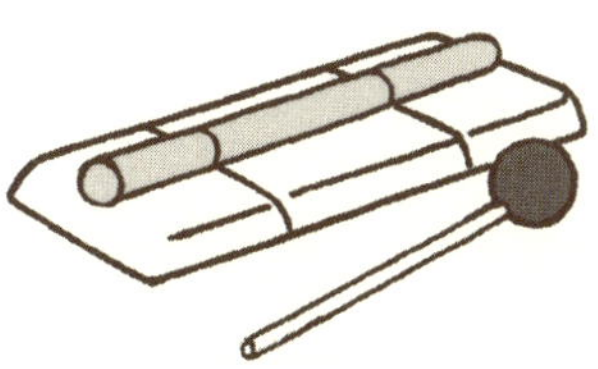

金属の棒が木の板に固定してある楽器。トライアングルと同じような響き。手に持って叩いても置いて叩いてもよい

その他の楽器

ラテン楽器の仲間

♬メタルカバサ

柄を握り、金属のビーズの部分を反対の手にこすりつけるように左右に動かしてリズムを刻む

♬カバサ

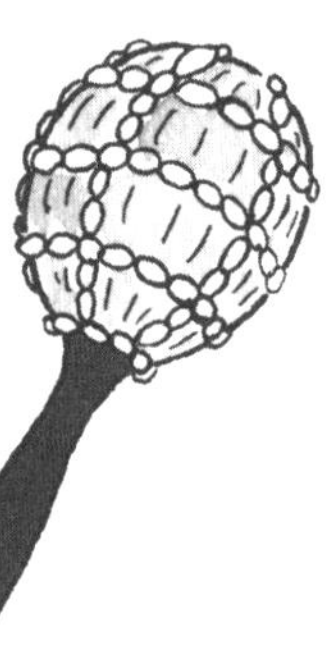

やしの実にじゅず玉をネットのようにからめてある。メタルカバサ同様、リズムを刻む楽器

♬アゴゴ

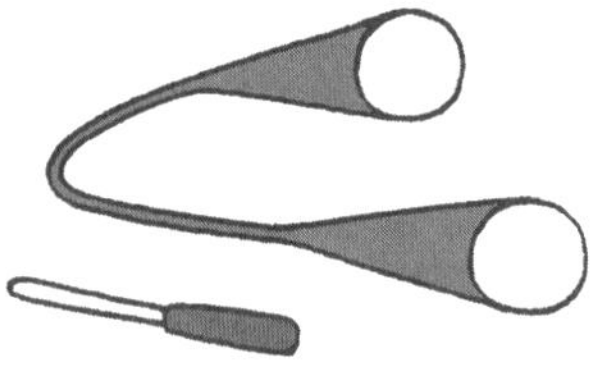

バチで2カ所を交互に叩くとカンコンカンコンと違う音が響く

♬ビブラスラップ

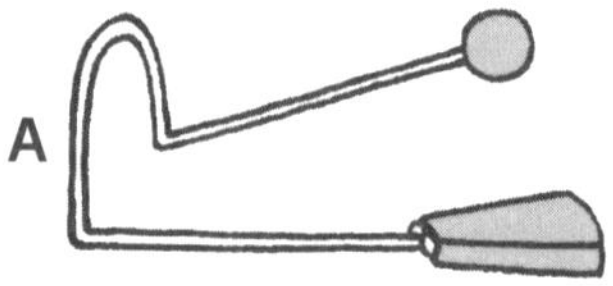

片手でAを握り、もう一方の手で丸い部分を叩く。ビヨ～ンという音がする

笛の仲間

♬リコーダー（ブロックフレーテ）

幼児の場合、メロディー演奏は無理でも、口をつける部分を外して、その底の部分を手でふさいだり離したりしながら吹くと、効果音としておもしろく使うことができる

♬スライドホイッスル

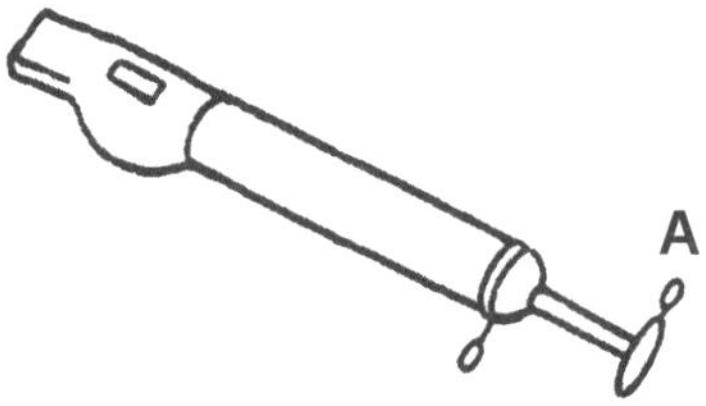

Aを伸ばしたり縮めたりしながら吹くとヒュ～ッと吸い込まれるような音がする。プラスチック製が値段は手頃だが、折れやすいので消耗楽器と考えたい。金属製もある

♬うぐいす笛

旅先などでこのようなものを買い集めておくと、効果音としていろいろに使えて楽しい

♬オーシャンドラム

左右に傾けると波の音がする。箱に小豆などを入れて手作りすることもできる

♬ブームワーカー

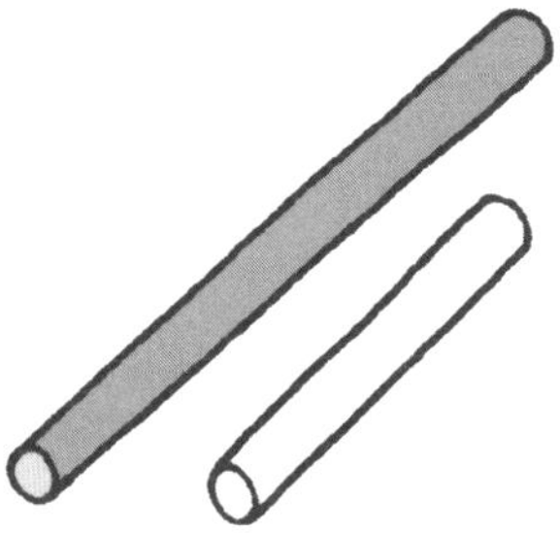

１本が１音（ド・レ・ミなど）の音を出す筒状の楽器。床などを叩いて音を出す

♬レインスティック

斜めに傾けると中の石がサボテンのトゲにぶつかりながら落ち、シャラシャラシャラと雨のような音がする

オルフ楽器の紹介

オルフ楽器とは　（カール・オルフ物語 p.86 参照）

狭い意味では…オルフが楽器製作者メンドラーの協力を得て工夫したり考え出した楽器のこと。
広い意味では…オルフの実践したシュールベルクの考え方を実践する中で使う楽器全てを指す。

オルフは「最も自然な楽器は、全ての人が持っている。それは手拍子や足踏みのできる両手と両足である」と言い、合奏するのにふさわしい楽器リストに手拍子などをのせています。

オルフ楽器一覧

1 手拍子
2 ひざ打ち
3 足踏み
4 指鳴らし
5 がらがら、マラカス
6 ウッドブロック
7 拍子木
8 カスタネット
9 シンバル大小
10 トライアングル
11 手太鼓
12 タンブリン
13 リストベル
14 小太鼓
15 木琴、鉄琴、メタルフォーン、トーンボックス
16 コップ
17 ティンパニー
18 リコーダー
他

子どものことを一番に考えて制作されたオルフ木琴の特徴

子どもの気持ちを考えて…
・使わない音板を取り外すことができるので、その曲で必要な音だけ乗せておけばまちがえずに安心して演奏できる（P.76 参照）。
・１台の音域が１オクターブ半位と狭いため、安心して表現できる。

音は…
・共鳴箱がついて音が良い。子どもだからこそ良い音をという理念の表れ。
・曲によってバチを選ぶことで音色が増す。

作りは…
・丈夫にできている。

木琴・鉄琴・メタルフォーンについて
※音板を外す時はビスが曲がらぬよう、必ず両手で水平に持って取り外すこと
※これらの楽器がない場合は、従来の木琴や鉄琴の使わない音板に目印をつけて代用することができる

♬オルフ木琴

ソプラノ、アルト、テノール、バス木琴の順に音域は低くなり、大きさ（音板の幅や共鳴箱の深さなど）も順に大きくなっている。バス木琴は一番大きく、幼児が立って演奏するのにちょうどいい高さで、台に乗せる必要はない

♬オルフ鉄琴

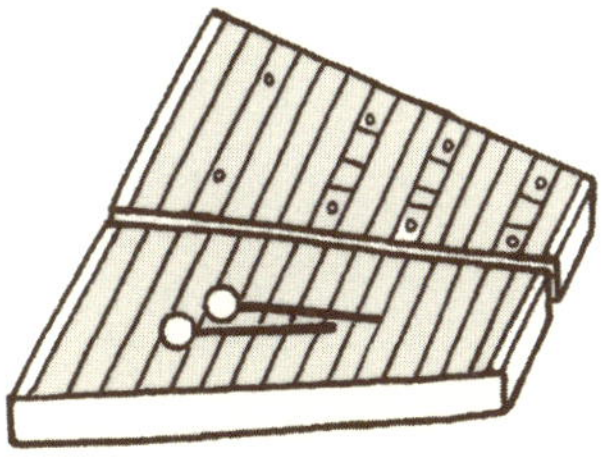

木琴と同じく必要な音だけ残すことができる

♬オルフティンパニー

ドラム部分を回してドやレなど音程を合わせて使える。合奏の時、低音部を支えるコントラバスなどのかわりとして子どもがかんたんに演奏できる。三脚のような３本足が特徴

♬オルフメタルフォーン

オルフ木琴と同様のもので、音板が木でなくメタルでできている

♬手太鼓

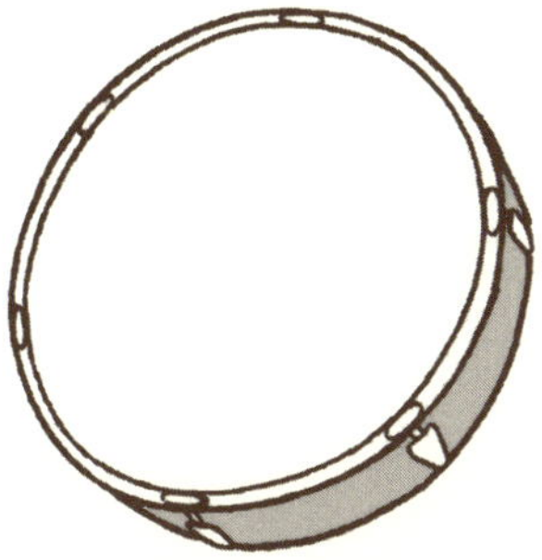

手で叩く鈴のない大きなタンブリン。リズムパートを担当する

♬トーンボックス

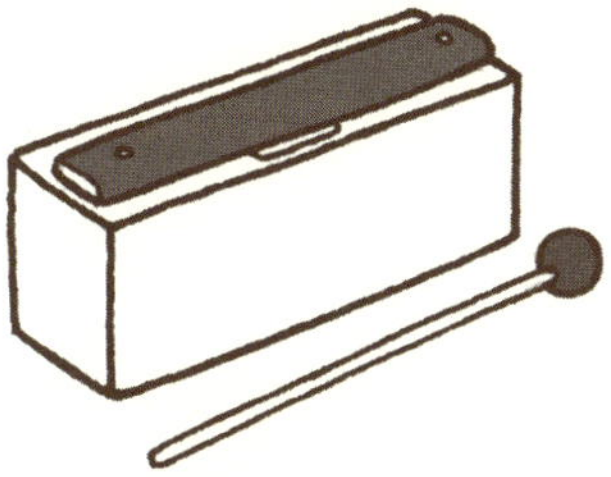

木琴の１音１音がバラバラになっていて、手に持っても演奏できるため、ミュージックベル（p.83）と同様の使い方ができる

◆オルフ楽器取り扱い会社（p.104）

カール・オルフ物語

Carl Orff（1895 ～ 1982）ドイツの作曲家
代表作は「カルミナ・ブラーナ」。子どものための
新しい音と動きの教育をはじめた音楽教育家

本書は、子どもたちが主体的に音楽と関わって、自らが表現したいように表現し、音楽の本当の楽しさを感じることができるように、という願いから生まれました。その考えの根底にあるのはオルフの「音と動きの教育」の考え方です。

オルフというのは、有名な「カルミナ・ブラーナ」という曲を作曲した現代の作曲家であり、独特の音楽教育の考え方を通して世界中に影響を与えた人の名前です。オルフの考え方を理解していただくために、ここで彼の生い立ちから亡くなるまでを含めて、かんたんにお話ししたいと思います。

オルフ誕生～恵まれた環境

カール・オルフは 1895 年 7 月 10 日、ドイツのミュンヘンで生まれました。母親はすぐれたピアニストで、軍人であった父親も音楽を愛好し、ピアノをはじめ楽器演奏が上手な人でした。祖父母も音楽や芝居を好み、特に母方の祖父はアマチュアオーケストラを設立するほどでした。

<これだけでも音楽家となるための遺伝的要素と環境のもとに生まれた人だとわかります>

オルフの音楽的才能は小さい頃から現れていました。2歳前から音楽に関心を示し、ピアノを両手のこぶしで叩いて遊んだりしました。また4歳ですでに夢のあるストーリーを考え、家族に指人形劇を見せたりしています。

<オルフはのちにたくさんの舞台作品を残すこととなりますが、その演劇という魅力的な世界をわずか4歳で知っていたことに驚きます>

5歳の時、母親からピアノを習いはじめますが、指練習をしているとすぐにメロディーが頭に浮かび、即興で曲を弾きはじめてしまいます。普通の母親なら「遊んでいないでちゃんと練習しなさい」と言うところを、オルフの母は「好きなだけ即興していいのよ」と言って自由に弾かせてくれました。

<オルフは即興演奏を非常に重視しているのですが、それは即興がどれほど楽しく、イメージを広げるものかをオルフ自身が身をもって知っていたからだと思われます>

はじめての短い「子守り歌」を作曲したのは5歳の時で、10 歳頃からは曲だけでなく詩や物語を書きはじめていました。

16 歳の時には「キーム湖（ゼー）の歌」というピアノ伴奏つき歌曲 10 曲からなる楽譜集を出版しました。

<オルフの作った曲も音楽教育の考え方も独創的だと言われるのは、17 歳頃まで独学で、全てを自分で発想し、自由に習得してきたからかもしれません>

青年期～戦争からの帰還

音楽大学時代はドビュッシーの作品（東アジア音楽の影響を受けた作品）に傾倒し、その新しい音の世界を研究しました。またミュンヘンの民族学博物館にあったインドネシアの真鍮の楽器や銅鼓に強く魅力を感じ、博物館に日参しました。

オルフをひきつけたこれらアジアのエキゾチックな音は、伝統的なヨーロッパのクラッシック音楽

手前が大・小の真鍮（しんちゅう）の楽器。後ろに下がっているのが銅鼓（どうこ）

の響きとは違うものでした。この頃から日本にとても興味を持ち、歌舞伎を題材としたオペラを作曲したりもしています。

<後に考案するオルフ楽器（P.85）の基盤もこの頃の興味が出発点になっているのです>

音楽大学卒業後、22 歳で軍隊へ入りました。第一次大戦のロシア戦線で、砲撃を受けて生き埋めとなりますが、九死に一生を得ます。その後、生き埋めの後遺症に苦しみながらも重い言語障害などを克服し音楽活動を再開。劇場の指揮者となって活躍したのちに帰郷して、作曲の勉強を続けました。

ギュンター学校（ギュンターシューレ）を創設

第一次世界大戦で敗戦したドイツでは 1920 年代にダンスやスポーツの学校がたくさん生まれました。オルフは 29 歳の時、舞踊家のドロテー・ギュンターと２人で体操、舞踊、音楽のための学校を創設します。

ここではリズムを基礎に、なるべく単純な楽器を使い、踊ったり、うたったりしながら伴奏する「音と動きの教育」を考えたのです。しかし当時のリズム楽器だけではメロディーの演奏ができなかったため、木琴や鉄琴を工夫、考案し（オルフ木琴などオルフ楽器の誕生）、リコーダーも楽器編成に加えました。

しかしこの学校は第二次大戦で 1945 年に焼失してしまいました。

<この学校でオルフははじめて教育に関わります。ここでは大人が対象でしたが、後の子どものための教育を考える基礎となっています>

歌手も奏者もリズム感がない！　身体の動きと音楽を結合した教育が必要だ！　と考えギュンター学校創立へ

人生を変えた「カルミナ・ブラーナ」

42 歳の時「カルミナ・ブラーナ」を作曲。持続反復する強烈なリズムと非和声的な音楽で、現代音楽のひとつの方向を開きました。

<この１曲の印税だけで現在は財団が運営されるほど、世界で最も演奏回数の多い曲の１つ。その財団はオルフ教育の普及活動を行っています。コマーシャルなど、どこかで聞いたことがあると思う人は多いはずです>

大きな転機となり、出版社に申し出てそれ以前の楽曲を破棄してしまった

ラジオから誕生したオルフ・シュールベルク（オルフの音楽教育の考え方）

第二次大戦でドイツが敗戦した後、オルフは南ドイツのラジオ局バイエルン放送の依頼で、子どものための音楽教育番組をはじめました。番組ではギュンター学校で行ったような「音と動きの教育」に「ことば」という要素を加え、子ども向けに放送したところ、たいへん好評で、当初３～４回の予定だった番組が、結局５年間も続くことになりました。

番組への反響が大きく、放送時に使った曲の楽譜を出版してほしいという要望が世界中から寄せられたので、「シュールベルク　子どものための音楽　全５巻」（1950 ～ 1954）が出版されました。

その他にもオルフの音楽教育の考え方をもとにしてまとめられた一連の楽譜集はたくさんあり、総称して「シュールベルク」と呼ばれていますが、この５冊はその中心といえるものです。

<現在「シュールベルク」ということばは、オルフの音楽教育の考え方全体を指すことばともなっています>

オルフの言うエレメンタール（根元的）な音楽とは

オルフは「子どもの音楽にとって理想的なのはエレメンタール（根元的）な音楽だ」と言いました。

ではエレメンタールとはどのようなものかを説明しましょう。

まず大昔の人々の暮らしを想像してください。

どの民族でも人々は、雨乞いなどの祈りを音楽で表現したり、うたうことや踊ることや楽器を鳴らすといったことで喜びを表現したりしてきたと推測できます。そういった昔の音楽の形がエレメンタール（根元的）な音楽と呼べるものです。

具体的に言うと、例えば人々がみんなで丸くなって地面に座り、全員でうたう様子を想像してみてください。ことばをとなえながら、手拍子をし身体を動かし、あるいは立ち上がって踊ったり、また小さくてかんたんな打楽器のようなものを手に持って演奏する…そういう音楽の形を指しているのです。

つまり「演奏する人が舞台の上にいて、聞く人が客席で聞く」という現代の音楽会のような形の音楽とは違うのです。

こういったエレメンタールな音楽は、短いメロディーを何度も繰り返したり、ロンド形式のようなものだったり、かんたんなリズムや音形をつないでいくというシンプルなものがほとんどです。だから子どもでもすぐに模倣して、みんなの音楽の輪に加わることができるのです。

人間と音楽との最初の関わり方を、子どもと音楽の最初の出会いにすることで、子どもが音楽の持つ本来のすばらしさや楽しさを感じ取ることができる…とオルフは考えたのだと私は理解しています。

エレメンタールということばを「基礎的、原初的」と訳し、ただ単に演奏が安易にできる内容の薄いものというような解釈をするのはまちがいです。

本書の執筆にあたり、オルフの考え方をベースに置いた一番の理由は、人間と音楽の根元的な関わり方から子どもの教育をはじめようというオルフの理念を、日本の幼児音楽の世界にもっと広めたいと願ったからです。

オルフ 音と動きの教育・5つの特徴

①リズムを基本に置いている。
②音楽教育は創造的であるべきとして、即興表現を重視している。
③ことば（母国語）をリズムや旋律の出発点としている。
④音楽だけ単独ではなく、ことばと身体の動きを含めた音楽を考えている。
⑤時代や民族などを超越し、いつの時代のどんな音楽にも適応できることを目指している。

オルフ研究所の設立

「オルフ音楽教育の考え方」、つまり「シュールベルクの理念やアプローチ」は、オルフの書いた楽譜を見ただけではわかりません。でもそれを伝えたいと願った世界の多くの国の人が、楽譜だけを自国へ持ち帰り、楽譜の通りに演奏しようと試みて失敗したり、悩んだりという結果になりました。

そのためオルフは、実際の指導法を世界の人たちに正しく伝える指導者を育成したいと考え、そのための研究所を 1961 年にザルツブルクのモーツァルテウム音楽大学の付属機関として創りました。

＜日本からも毎年この研究所の入学試験を受け留学する人がいます。私も 1980 年代はじめ頃、ここで勉強しました。本書に書いた遊びの多くは、「子どもの時間」という研究所の授業で体験したものがヒントになっています＞

オルフ来日による日本への影響

1962 年（昭和 37 年）、67 歳の時、オルフは助手のケートマン女史と共に NHK の招きで来日しました。東京、名古屋、大阪、福岡、札幌、仙台、を１か月かけてまわり、子どもたちを指導する姿が NHK のテレビやラジオで全国に伝わり、一躍オルフブームとなりました。

当時の音楽教師たちは､日本の子どもたちが「わらべうた」のメロディーでアンサンブルを即興的に創って合奏する様子を見て衝撃を受けました。

それまで合奏は楽譜を見て何度も何度も練習して仕上げるものだとだれもが思っていたので、楽譜も見ずに模倣してメロディーを覚え、かんたんなパターンの繰り返しで伴奏（オスティナートという伴奏法）し、その場で仕上げてしまうなどというやり方があったことに驚いたのです。

「こんな音楽があったのだ。すごいことだ！　私もやってみたい！」と多くの人が感動し、夢中になりました

ところがいざ自分たちでその指導をしてみようと試みてはみたものの、当時の日本の教師たちには考え方が新しすぎて、指導の糸口がつかめず、また楽器がなくてもいろいろな方法でオルフ理念を生かすことはできるのに「オルフ木琴が買えないからできない」「買ったけれどできない」「あんな風にやりたいけれど楽譜がないからできない」とあきらめてしまった人が大勢いました。そのためオルフブームは下火となっていきました。

この時にシュールベルクを伝える指導者が日本にいて、来日を契機にオルフの音楽教育が定着しなかったことはたいへん残念なことです。しかしオルフの考えは、少数ながらもそれを理解した人々によって日本の小学校の教科書編集の中にも生かされて、シュールベルクの曲 (Ding dong) がオルフの名前としてではありませんが、ドイツの曲として教科書にものりました。そして今日の、リズムをまず手拍子、足拍子で行ったり、リズムやメロディーを創って表現するという活動につながっているのです。

日本でもオルフの再認識を

オルフはミュンヘンで 86 歳の生涯を終えました。現在オルフ・シュールベルクの理念は国境を越えて世界の子どもの教育に生かされ続けています。オルフ研究所では５年に一度シンポジウムを開き、ワークショップを行ったり、各国のオルフ・シュールベルク学会の代表を集めた会議を主催しています。

子どもひとりひとりの表現を認め、育てるオルフ・シュールベルクの考え方は、今後日本でも、子どもの教育の中で、もっともっと生かしていく余地がありそうです。

1988 年　日本オルフ音楽教育研究会設立
日本でも夏期セミナーをはじめ、さまざまな活動が積極的に続けられています。
※事務局／東京家政大学　細田音楽表現研究室

オルフ研究所（左の建物）と後ろにそびえるウンタース山。現在はザルツブルク・モーツァルテウム大学の中に位置づけられている
photo by M.Scharfetter

♫Column

合奏曲・おすすめリスト

曲名	作詞	作曲
３歳～		
「大きなたいこ」	小林純一	中田喜直
「ジャングルのたいこ」	高見映	越部信義
「やまびこごっこ」	おおうちやすゆき	若月明人
「こおろぎ」	関根栄一	芥川也寸志
「ホ！ホ！ホ！」	伊藤アキラ	越部信義
「山の音楽家」		ドイツ民謡
「幸せなら手をたたこう」		アメリカ民謡
「きらきら星」		フランス民謡
４歳～		
「ドレミの歌」	ペギー葉山（日本語詞）	リチャード・ロジャーズ
「エーデルワイス」	阪田寛夫	リチャード・ロジャーズ
「子どもの楽隊」	丘みち	富山仙六
「へイ！タンブリン」	吉岡治	湯山昭
「たのしいね」	山内佳鶴子	寺島尚彦
「おどりのすきなウンパッパ」	東龍男	山本直純
「おにぎり」	平田明子	増田裕子
「はっぱ」	平田明子	増田裕子
「気のいいあひる」		ボヘミヤ民謡
５歳～		
「マーチングマーチ」	阪田寛夫	服部公一
「ぽかぽかてくてく」	阪田寛夫	小森昭宏
「とんでったバナナ」	片岡輝	桜井順
「ジグザグおさんぽ」	高見映	越部信義
「南の島のハメハメハ大王」	伊藤アキラ	森田公一
「世界中のこどもたちが」	新沢としひこ	中川ひろたか
「パレード」	新沢としひこ	中川ひろたか
「ハッピーチルドレン」	新沢としひこ	中川ひろたか
「聖者の行進」		アメリカ民謡
「調子をそろえてクリックリックリック」		オーストラリア民謡

Part 6

わくわく・かんたん発表会

細田式の分担合奏曲を８つご紹介します。
これらを参考にすれば、子どもたちの好きな曲を
自在にアレンジできるはず！

楽譜に書かれたリズムを忠実に練習して
できあがりのすばらしさを求めるのではなく
音楽のリズムにのって楽器の音を合わせていく心地よさを
大切にしていく合奏です。
みんながわくわくできる、楽しい発表会を開いてください。

あなたにもできる！
細田式・マーカーを使ったかんたん編曲法

作り方

❶子どもたちの好きなリズミカルな曲を選ぶ

❷曲全体をいくつかの部分に区切る

※ほとんどの曲が４小節を１つのかたまりとして作曲されているので、４小節目、８小節目あたりを見てみましょう。そこにメロディーが変化したり、伴奏の型や歌詞の雰囲気が変わるところがあります。

❸部分ごとに使う楽器を決める

※静かなところは鈴だけ、盛り上げたいところは４種類の楽器を同時に、というように、使う楽器でメリハリをつけます。

❹楽器を色分けし、カラーマーカーで楽譜の上に線を引く

❺各楽器のリズムパターンを決める。同じリズムの繰り返し（オスティナート）が基本

※１人が１つのリズムパターンだけを繰り返す。子どもの年齢に合わせて、それまでに経験したことのあるリズムパターンを使ったり、その歌に特長的なリズムをそのまま使ったり、

（例）「白熊のジェンカ」

→ピアノ伴奏のリズムを使ったりします。縦に並べてそろえて全ての楽器のリズムを書いてみると、１拍目でどの音が聞こえ、２拍目はどうか…などがわかります。

※ただし曲の最後を全部でそろえたい時などは、違うリズムにしてもいいのです（例 p.95 p.100）。

練習法

①耳や身体になじむまで、うたったり踊ったりする

②拍打ち（p.39 参照）や手合わせ遊び（p.46 参照）にして遊んだ後で、パートごとのリズムパターンを手で叩く

※パートごとにリズムを覚えやすくするため、ことばをつけることもある。ことばつき練習→黙って手拍子

③リズムパターンを楽に繰り返すことができるようになったその手に楽器を乗せる

※①②をとばして、いきなり楽器を渡さないように！

④楽器ごとに配置を決め、先生が指揮者になり、各楽器に合図を出す

※配置は先生が合図を出しやすい位置がよい。両手を使って「次はあなたたちの番よ！」と、わかるように示す。うまくいくかどうかの境目なので、先生は秘密練習をしておきましょう（p.7 参照）。

★聞き映えを演出するポイント

・音色に変化を持たせること。

※複雑に変化するリズムを覚えて叩いてもリズムの変化までは客席ではわかりません。それよりも聞こえてくる楽器がパッと変わると「あっ！」と気づきます。それでメリハリがつくのです。

★当然のことですが、先生自身が頭に入れやすくするための色分け楽譜ですから、子どもには見せません。先生は全て覚えてから練習に入ります。逆に言うと、先生が覚えるのに苦労するほどの編曲は複雑すぎる、ということになります。

♥ p.93 からの見方・注意点

・P.93 ～ 96 は線の模様で（使用する時にマーカーで色分けしてください）、P.97 からは色分けで楽器の分担を表しています。同じ色の部分はその色のリズムパターンをずっと繰り返すだけです。

・「鈴（トライアングル）」と表記してある時は、鈴のかわりにトライアングルを使ったり、同じ系統の金属楽器を選んでみてください。

村まつり

文部省唱歌
小島弘章・細田淳子　編曲

★この歌のリズムの中の「むーらの」ということばのリズムを中心に組み合わせてみました。

※2、3回繰り返して演奏した最後は、
全員そろえて休符にしてもいいですね。

ともだちさんか

アメリカ民謡
阪田寛夫　訳詞
小森昭宏・細田淳子　編曲

行進曲風に

B♭
Cm
F
E♭
f
mf
ひとりとひとりが　うでくめば　たちまちだれでも　なかよしさ
ロービンフッドに　トムソーヤー　みーんなぼくらの　なかまだぞ
せかいのともだち　あつまれば　なんにもおそれる　ことはない
やあやあみなさん　こんにちは　みんなであくしゅ
おひげをはやした　おじさんも　むかしはこども
ゆくてはアフリカ　ポリネシア　みどりのもり
そらにはおひさま　あしもとにちきゅう

木魚
(カスタネット
・クラベス)
タンブリン
(鈴)
トムトム
(太鼓)
B♭ Cm F 1. 2. B♭
みー んなみん なあ つ ま れ みん な で う た え
3. B♭ Cm F B♭ Cm F
え イチ ニッ みん な で う た え ワン トゥ みん な で う た
B♭ Cm F B♭ Cm
え アイン ツバイ みん な で う た え ウノ ドス みん な で
F B♭
う た え
そろえて ♩ と打ちます

ながぐつマーチ

上坪マヤ　作詞
峯　陽　作曲
細田淳子　編曲

★前奏のない曲なので、終わりの2小節を前奏にしましょう。
★2小節単位の繰り返しですが、要するに「ドンドン」という歌詞のところだけ叩く、かんたんなリズムです。2歳、3歳で楽しく遊べます。

遊び方1　まずは何度もうたってみましょう。「ドンドン」のところで自然に足拍子、ひざ拍子が出るようになってきたら、身体のいろいろな部分をドンドンと叩いてみましょう。

遊び方2　「ドンドン」のところのボディーパーカッションを楽器に持ち替えてみましょう。身体で十分にリズムを感じて叩いていれば、楽器を持ってもすぐに演奏できます。

遊び方3　園にある太鼓をいろいろ集めて、足りない場合はポリバケツ太鼓（p.16）を作ってドンドンと叩いてみましょう。

遊び方4　「ドンドン」という歌詞が4回出てくるので、4グループに分けて順番に叩いても、この楽譜のように2グループで交互に叩いても、好きな楽器をそれぞれが持ち、同時に「ドンドン」のところを全て叩いてもいいでしょう。

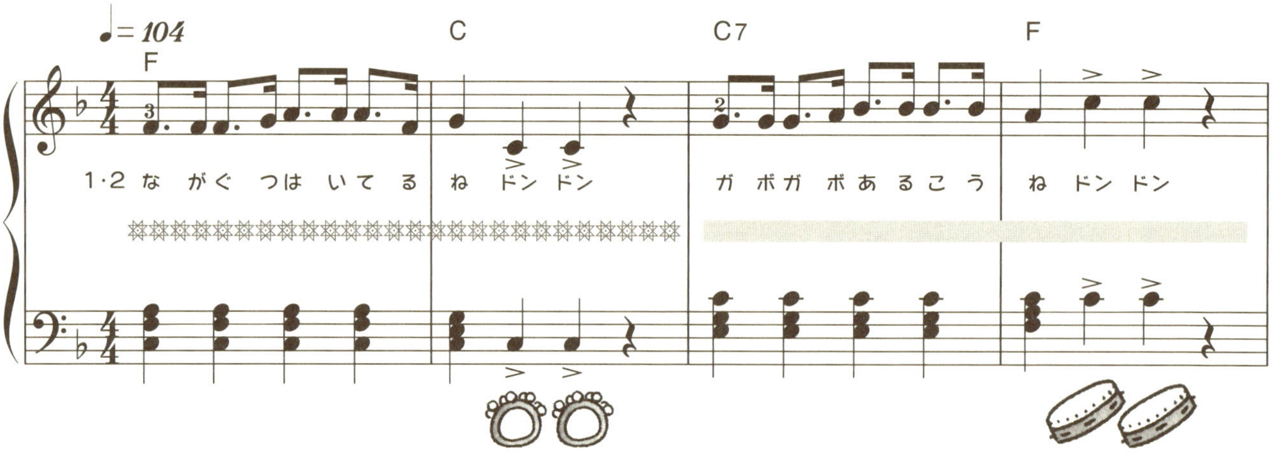

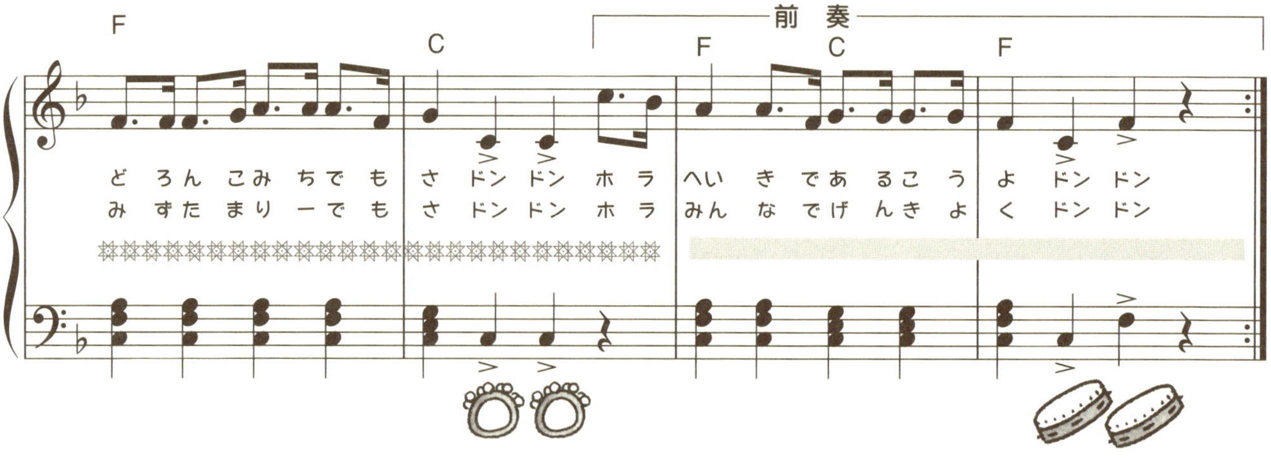

バスごっこ

香山美子　作詞
湯山　昭　作曲
細田淳子　編曲

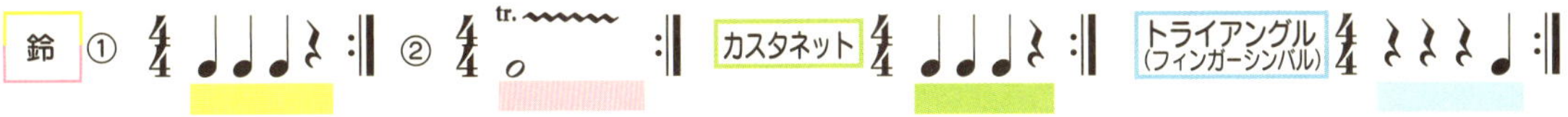

※(　)の音ははぶいてもよい

白熊のジェンカ

平井多美子　訳詞
Ken Wall　作曲
細田淳子　編曲

★３種類の楽器が、１つの同じリズムパターンを演奏します。
★たった１つのリズムパターンでも、このように合奏ができるのです。みんながリズムにのる感覚をつかめるでしょう。楽器は日替わりで、好きな楽器で行いましょう。
★４拍子の他の歌に合わせることもできます。

1 「レッツ　タップ　ワンツースリー」のところだけ手拍子したり、足踏みしたり、音程をつけずにことばとリズムで練習します。

2 手拍子ができたら、その手に楽器を乗せます。２小節で１つのかたまりのリズムを感じる力はフレーズ感を育てます。

★同じリズムパターンを違う楽器で

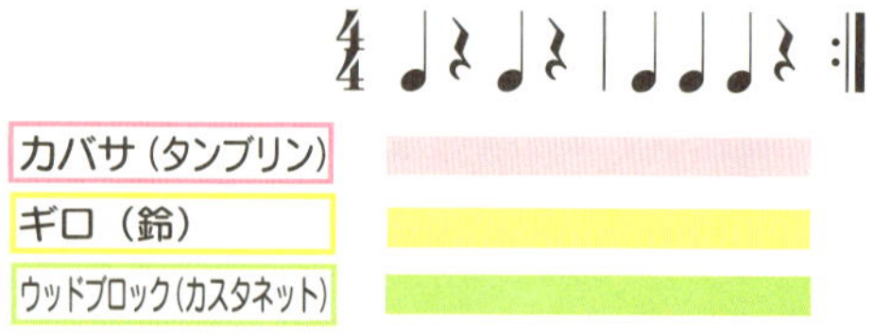

B♭ FM7 Gm7 C7 FM7
レッツ タップ ワン ツー スリー レッツ スキップ ワン ツー スリー オー
B♭ FM7 G7 C7
レッツ ジャンプ ワン ツー スリー げ ん き よ く (ジャボーン!!)
F C7
か あ さん の し ろ く まさん は ジャ ブ ジャ ブ ス イ ス イ お よ ぐ
F C7 F
あ か ちゃん の し ろ く まさん は チャ ポ チャ ポ パ タ パ タ お よ ごう

踊ろう楽しいポーレチケ

Tadeusz SYGIETYNSKI　作曲
Mira Ziminska SYGIETYNSKA　原詞
小林幹治　作詞
細田淳子　編曲

★３拍子の曲です。本書では４拍子に慣れることを中心にしてきましたが、４拍子に慣れたら、３拍子もぜひ経験しましょう。

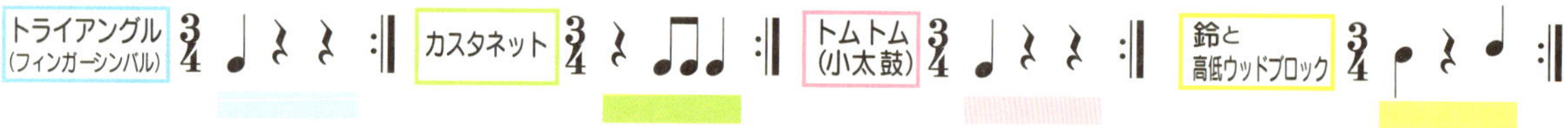

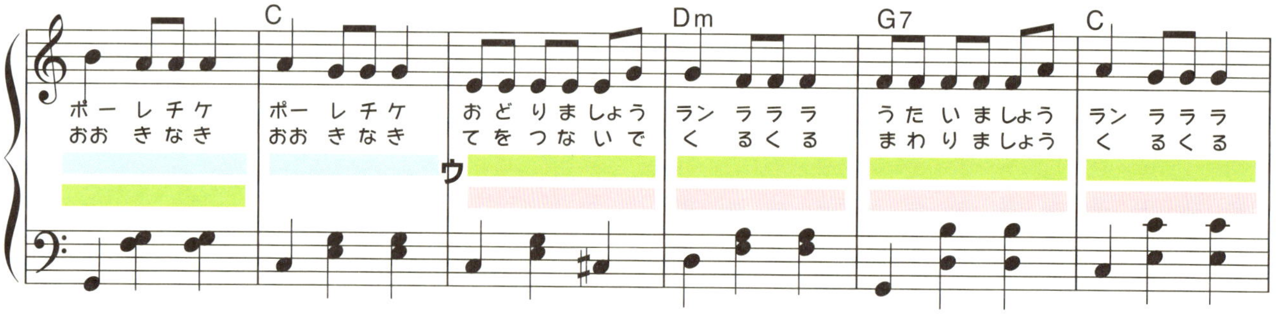

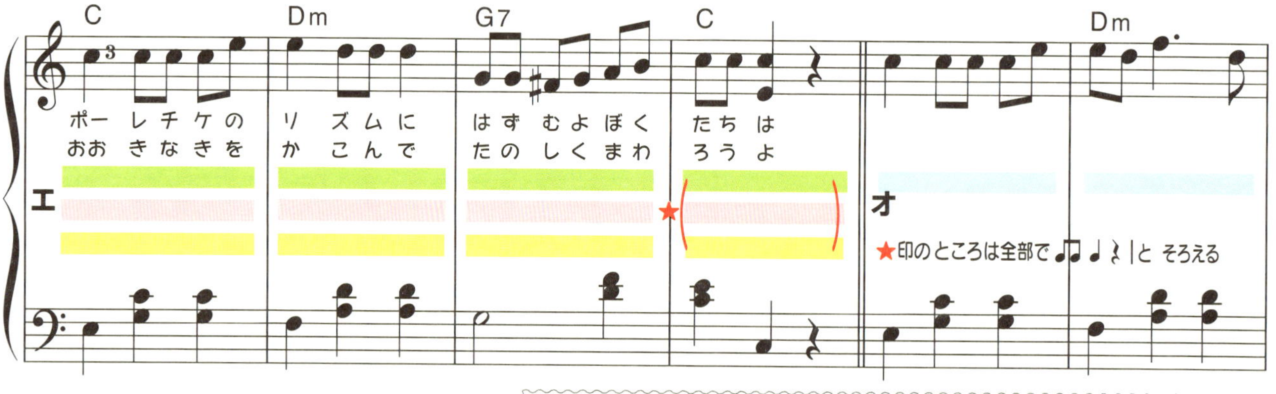

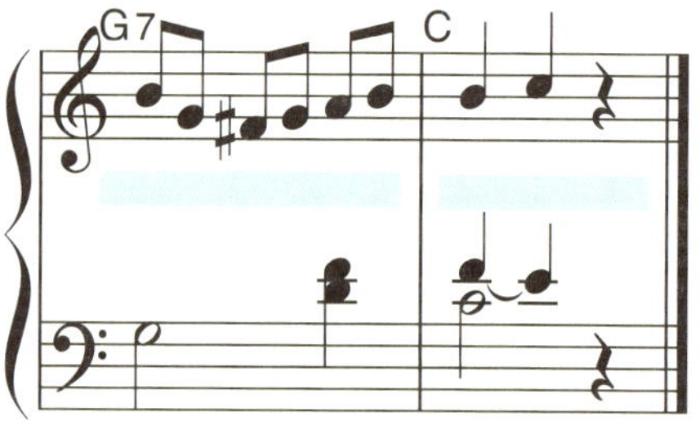

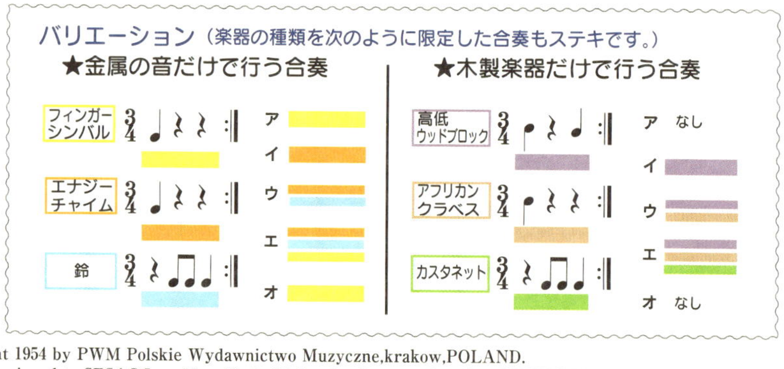

カッパがわらう

新沢としひこ　作詞・作曲
細田真衣子　編曲

★おもちゃ、手作り楽器など、おもしろい音の出るものを使ってみましょう。

♩＝112
さっきあったおやつは　どこいった　さっきあったおやつは　なくなった
ガラスのかびんが　われちゃった　だれかがたおして　われちゃった
ふとんとシーツが　ぬれている　パジャマもパンツも　ぬれている
カッパがたべた　カッパのせいだ　ほんとだもん　ほんとだもん　ぼくじゃない　もん
カッパがわった　カッパのせいだ　ほんとだもん　ほんとだもん　わたしじゃない　もん
カッパがやった　カッパのせいだ　ほんとだもん　ほんとだもん　ぼくじゃない　もん
★3・4拍目は省略
カッパがわらう　けっけらけっけっけ　カッパがわらう　けっけらけっけっけ

さよならぼくたちのほいくえん

新沢としひこ　作詞
島筒英夫　作曲
細田真衣子　編曲

さよならぼくたちの ほいくえん ぼく たちのあそんだに わ ー さくらのはなーびら
さよならぼくたちの ほいくえん ぼく たちのあそんだに わ ー このつぎあそーびに
ふるころは ランドセルのー いちねん せい 2.たくさ
くるときは ランドセルのー いちねん せい
さよならぼくたちの ほいくえん ぼく たちのあそんだに わ ー さくらの はなーびら
ふるころは ランドセルのー いちねん せい

Profile

細田淳子

武蔵野音楽大学卒。1979年にオーストリア政府給費留学生、翌年西ドイツ政府交換留学生としてオーストリア国立モーツァルテウム音楽大学・オルフ研究所へ留学。ジュネーブにおいてリトミックを、ブタペストにおいてコダーイ・システムの研修を積む。現在、東京家政大学教授、日本オルフ音楽教育研究会代表、幼児音楽研究会常任理事。元・東京学芸大学及び日本大学芸術学部非常勤講師。音楽表現・身体表現を中心に保育者・教師の養成を行っている。

■主な著書

『子どものための108曲 自然をうたおう！』鈴木出版
『わらべうた 手合わせ遊び 子守うた』鈴木出版
『新ピアノに強くなる曲集』共著　チャイルド本社
『新保育講座11 保育内容「表現」』共著　ミネルヴァ書房
『かんたんメソッド コードで弾きうたい』共著　カワイ出版

オルフ研究所への留学中に、子どもの表現力や創造力を育むステキな教育のあることを知りました。帰国後はその考え方を保育者養成や教育現場の先生方への講習会などで、精一杯お伝えしてきたつもりです。が、限界も感じていました。先生方が実際にやってみようとした時にきっかけとなるような本が、あまりにも少なかったからです。

今回、ステキな表紙とたくさんの可愛いイラスト入りで、メッセージのたくさん詰まった本が完成しました。これは何より私を励まし、美しく、わかりやすく、まとめ上げてくださった鈴木出版の山縣さんのお力のおかげです。心より御礼を申し上げたいと思います。

◆オルフ楽器（p.85より）

〔海外〕SONOR（ゾノール社）〔ドイツ〕
SUTUDIO49（スタジオ49）〔ドイツ〕
〔国内〕（株）鈴木楽器製作所　tel.053-461-2325（※小物打楽器の輸入も）
（株）こおろぎ社　tel.03-5912-5880

※一般的な楽器は鈴木出版でも扱っています。下記へお問い合わせください。

カバーデザイン・イラスト　ヒグチミオリ
本文イラスト　森田雪香
編集・デザイン・楽譜浄書　山縣敦子

鈴木出版ホームページ
◆ https://suzuki-syuppan.com/

わくわく音遊びでかんたん発表会 ～手拍子ゲームから器楽合奏まで～

2006年5月8日　初版第1刷発行
2024年3月15日　初版第20刷発行

著　者　細田淳子
発行人　西村 保彦
発行所　鈴木出版株式会社
〒101-0051
東京都千代田区神田神保町2-3-1 岩波書店アネックスビル5F
TEL.03-6272-8001 FAX.03-6272-8016
振替　00110-0-34090
印刷所　株式会社ウイル・コーポレーション

ISBN978-4-7902-7191-8 C2037